U0152758

新编儒林典要

龍溪會語

[明] 王畿　撰

张卫红　导读　整理

图书在版编目(CIP)数据

龙溪会语／(明)王畿撰；张卫红导读、整理. —
上海：上海古籍出版社，2023.9
(新编儒林典要)
ISBN 978-7-5732-0837-8

Ⅰ.①龙… Ⅱ.①王… ②张… Ⅲ.①王畿(1498-
1583)—文集 Ⅳ.①B248.2-53

中国国家版本馆 CIP 数据核字(2023)第 165432 号

新编儒林典要
龙溪会语

[明] 王畿 撰
张卫红 导读、整理

上海古籍出版社出版发行

(上海市闵行区号景路 159 弄 1-5 号 A 座 5F 邮政编码 201101)

(1) 网址：www.guji.com.cn
(2) E-mail：guji1@guji.com.cn
(3) 易文网网址：www.ewen.co

印刷 苏州市越洋印刷有限公司
开本 890×1240 1/32
印张 7.875 插页 5 字数 116,000
印数 1—2,100
版次 2023 年 9 月第 1 版
 2023 年 9 月第 1 次印刷
ISBN 978-7-5732-0837-8/B·1334
定价：48.00 元

目 录

丛书序：以工夫的眼光重看经典

  时至今日，伴随外部环境的大动荡，时代精神正发生转折；风气的变化随处可见，比如电影和文学，从现实主义占主流到科幻、奇幻、仙幻之类持续风行。"由实转虚"所表征的其实是由外转内，不满足于物质的平面的生活，转而寻求立体的生命体验，寻求超越的精神之路。"举头望明月，低头思故乡"，我们周围弥漫的复古风，来自对古人生活的好奇和向往，更根本的原因则是对于曾经的立体丰富的生命生活的追怀。它在每个人内心涌动，起初并不自觉，更进一步，就有了追究生命精神来源的需求，这是我们今天重读经典的根本动力。

一、经典的本义

文化的核心是经典，因为经典蕴含着文化的根本精神和核心内容。此当无疑义。但什么是根本，什么是核心，每个人的认识可能不同，因此，各个时代对经典的认识（也就是那个时代的主流认知）也可能不同，有时候还会差异很大。在此意义上说，学问确有古今之别。换言之，古今学问变异的原因不在于学科的分类或使用工具的变化，而来自对经典的认识不同。

具体说来，不同时代对于经典的认知不同，有两种情况：一是对哪些书属于经典的认定有差别；比如儒家经典从"五经"到"四书五经"再到"十三经"，是经典范围的扩大。二是对经典的解释的差异，比如对于权威注疏的认定发生改变；举一个典型的例子，朱熹《四书章句集注》在成书的年代连同作者一起被排挤打击，后来地位逐步上升，到了明代则被定为官方意识形态的标准解释。

从古今之别的视野来看，首先是第一种情况，经典的范围明显扩大了，主要是将自然科学和社会科学的重要著作划入经典，同时人文经典的数量也有所扩充。而传统意义上的经典，虽然受重视的程度有所下降或起伏摇摆，但依然不可替代。这里透露出的信息是人类生活空间的扩张，以及重心的转移，其与第二种情况的古今变化紧密相连，而不若后者之深切著明，此不赘论。

就第二种情况的古今之别而言，二十世纪以来对经典的解释发生了巨大的变化。近人程树德曾说："今人以求知识为学，古人则以修身为学。"这句话见于程先生撰于1940年代的《论语集释》，概括了古今对经典的不同理解，推扩一层，实则是古今之学的本质性差异。

以下就以《论语》为例，来看看经典解释的古今变异。朱熹的《论语集注》的权威地位，伴随着科举考试教科书的身份一直延续到清末；1905年废除科举之后，随同读经在教育系统中的弱化乃至取消，该书地位则持续走低乃至被彻底抛弃。及至今日，朱注重新被学界重视，但是以它为代表的经典解释并未回到原先的主流地位。当今在读书界影响最大的《论语》解读，以杨伯峻《论语译注》和李零《丧家狗》为代表；前者以其浅显易懂，译文流畅，在普通爱好者中流行数十年，且被作为文科学生的入门书，后者主要受到相对高阶的知识阶层的青睐。两本书写作形式和读者群体不同，对经典的认识理路却如出一辙。

就如这个书名，《丧家狗》说得直白，就是要去神圣化，还孔子"知识分子"的本来面目。杨著《论语译注》比较温和，因形式所限也没有直接阐发自己的见解，但是通过其译注，描画出的孔子也是一个具有人文主义精神的"知识人"形象。不消说，杨李心目中的孔子都是以他们这一两代知识分子的形象为蓝本的。不能说孔子身上没有这些因素，但以这个整体形象比附孔子，则不啻天壤。这背后的根源是现代性的问题，彻底追溯分析不是本文的任务，简言之，现代人是扁平化的生命，生命应有的丰富层次和可能达到的高度被"二维化"了，物质性生活和头脑性知识是此扁平化人生的表征；现代知识人超出普通人的主要是"量"的增加（知识、专业技能或逻辑思维能力的增加），而非"质"的变化（生命的净化提纯）或"性"的改变（生命层次的提升）。古代文化人（不论中西）以追求精神境界的提升为人生目的，其间或许有层次的差别，比如立足人间的君子贤圣，立足出世的得道证果，其共同点是生命的净化和高度层级的提升，而此质和性的跃升需要付出持续的努力乃至毕生的精力。

或许有人会说："所谓精神追求我们不是一直都在提倡吗？现代人并未抛弃精神、道德呀。"是的，这些词我们还在用，但是已经偷换了概念。精神、道德的提高，本义是向上的质的提升，而现代人却是在平面上使用这些词，说一个人道德高尚，只不过是说他遵守伦理规范，做事有原则，有正义感等；说一个人有精神追求，不过是说他文化生活丰富，艺术品位较高等。不错，古人的精神、道德也离不开这些内容，但这些内容最多只是提升自我的起点或方式。究其根源，之所以有这种偷换且不自知，是因为截断了这些词背后的天人连接。在人类各民族的上古神话里，都有天人往来交通的描述，后来"绝地天通"，天人之间断绝了直观形象意义上直接往来，但是精神的连通始终保持，作为人类文化的共同根基，并且成为文化基因灌注在每个词语之中。而现代化以来，这种精神的连接逐渐中断了，词语也成了无根漂浮之物。且以"道德"一词为例，略作讨论。

现代语境下的"道德"与古典的道德，并非一回事。就本义而言，"道"是宇宙万物的本体，"德"是道在具体事物中的呈现。道下落到每个事物中，事物各自以其特有的方式呈现道，称为德。因此德一方面与道连通，一方面又是某一事物之为此事物的根据。如果没有德，某一事物就不成为它自己了，因此一个人如果没有德，就不成其为一个人。德对于人来说，是保证他是一个人的根本，并且是由此上通于道的依据（所以孔子说"志于道，据于德"；由德上通于道则需要"修"，称为修身或修道，所以接着说"依于仁，游于艺"，就是修身的方法），因此是人的第一需要。后来把这两个字组成一个词，表达的正是道的根源性和彼此的关联性，所谓天人之际，所谓万物一体，俱在其中。因此，"道德"在传统话语中是最高序列的词，代表人类精神领域的源头，具有神圣性。

现代语境中"道德"的含义，大致对应古代汉语的"德"字的层面，但道的意义已经被弱化甚至切断了，因此"德"也就不是原来意义的德。现代语境中的道德，一般是指为了使人与人和谐相处，或者维系社会秩序而对个人的伦理要求，进而固化为社会行为规范。这里的德不再与道相连，因此也失去了其为人之根本和第一需要的意义，成为一个附加在自然人身上的，因应社会需要而后起的东西；因此，通过个人的道德修养而上通天道、与道合一的途径也湮灭不彰，此之谓"天地闭，贤人隐"。由此可见，现代一般所谓的道德，是实用主义的产物，与古典的道德相比，成了无源之水。

如是，"道德""精神""性命""心灵""修身"这些词的本义都连通着天道，是故孔子说"下学而上达"，抽离了"天"之维度，亦不成"人文"；如此"天人合一"的人文，才可以"化成天下"（见《易经·贲》象辞），此之谓"文化"。现代性的弊病在于将立体的上出的精神维度拉低到平面的"量化"的物质和知识层面，从而取消了人通过自我修炼成为"超人"以自我实现这一向度。因此，古今人的特质不妨分别用"知识人"和"文化人"① 来指称。

---

① 美籍罗马尼亚裔学者伊利亚德（1907—1986）曾创设"宗教人"概念，用以与知识化的现代人相区别，宗教人所指的内涵略同于本文说的"文化人"，都指向精神的丰富和提升；中国传统"文化"观念所涵甚深广，可以包含一般理解的宗教。伊利亚德有很多宗教文化学、神话学的著作，对此问题多有精辟的分析和洞见，可以参阅。

站在古人的立场上，如果历史定格于此，那就不仅是"三千年未有之大变局"，而是"人将不人"。幸好，对于现代性弊端的认识伴随着现代化进程而逐渐深入，由知识人再到文化人的转折已经悄然来临，而且携着科学这件利器的回归，某种意义上可能是更高层面的回归。就如历史上常见的情况，根本性的变化往往先从边缘地带发生，逐渐渗透到主流文化形成风气，再带动底层民众的转变。当今之际，边缘向主流渗透之势已成，但主流仍旧唱着老调，因此这些话虽然也已不新鲜，还是得一说再说①。

传统的经典，不论中外，都是以精神提升为核心的。经典的类型不同，情况亦有所差别。宗教类经典以出世为目标，当然是以精神提升为主的。世间经典，比如儒家类，则精神提升与世俗生活兼

---

① 笔者深知，这样的论述很难使自居现代知识人者信服，所谓"只缘身在此山中"，道理不难懂也不难验证，问题是障蔽已深，自以为是，正坐孟子"自暴"之病，所谓"自以为是，而不可与入尧舜之道"。本丛书的目标读者是对于传统修身之学心向往之，至少是保持开放的心态，愿意倾听内心的声音的人，固步自封者不足与论。

顾，即"内圣外王之道"，但仍然是以自我的精神提升为主导，以精神生活贯通物质、社会生活，此之谓"吾道一以贯之"，"壹是皆以修身为本"。具体说来，就是需要按照一定的修养方法，经过积累淬炼而发生质变，达至某种超越凡俗的精神境界。推己及人，又可以分为自我提升、帮助他人两个方面，即学习与教化，自觉和觉他。

仍旧以《论语》为例。《论语》有两个核心关键词，一个是"学"，就是自我精神提升的过程，用宋儒的话说：学是为了"变化气质"，"读《论语》，未读时是此等人，读了后又只是此等人，便是不曾读"（朱熹《论语集注》引程颐语）。另一个词是"君子"，即学的目标：达到一定的精神高度，成为一个真正的人。君子只是一系列境界坐标中的一个，往上还有贤、圣等。"学不可以已"，学习是无止境的，人生就是不断攀升的过程，孔子现身说法，用自己的一生诠释这个过程："吾十有五而有志于学，三十而立，四十而不惑，五十而知天命，六十而耳顺，七十而从心所欲不逾矩。"孔子孜孜以学，精进不已，以差不多十年一个台阶的速度将生命提升至极高的地位，生动而明确地示现了学习是精神的提升，是质的飞跃，乃至性的改造。但是如果换成现代的知识化的眼光，则会作出另一种解读。

就如《论语》开篇第一章：

> 子曰："学而时习之，不亦说乎？有朋自远方来，不亦乐乎？人不知而不愠，不亦君子乎？"

字面意思很简单，但是如何理解其真实含义，对于现代人却是一个考验。比如第一句，"学而时习之"，很容易想当然地把这里的"学"等同于现代教育的"学习知识"，那么"习"就成了"复习功课"的意思，全句就理解为学习了新知识、新课程，要经常复习它——直到现在，通行的《论语》译注包括中学课本，基本还是这么解释的。但是，我们每天复习功课，真的会快乐吗？

其实这里发生了根本性的理解偏差。古人学习的目的跟现代教育不一样，其根本目的是培养一个人的德行，成就一个人格完满、生命充盈的人，所以《论语》通篇都在讲"学"，却主要不是传授知识，而是在讲做人的道理、成就君子的方法。学习了这些道理和方法，不是为了记忆和考试，而是为了在生活实践中去运用、在运用时去体验，体验到了、内化为生命的一部分才是真正的获得，真正的"得"即生命的充盈，这样才能开显出智慧，才能在生活中运用无穷（所以孟子说：学贵"自得"，自得才能"居之安""资之深"，才能"取之左右逢其源"）。如此这般的"学习"，即是走出一条提升道德和生命境界的道路，达到一定生命境界的人就称之为君子、圣贤。养成这样的生命境界，是一切学问和事业的根本（因此《大学》说"自天子以至于庶人，壹是皆以修身为本"），这样的修身之学也就是中国文化的根本。

所以，"学而时习之"的"习"，是实践、实习的意思，这句话是说，通过跟从老师或读经典，懂得了做人的道理、成为君子的方法，就要在生活实践中不断（时时）运用和体会，这样不断地实践就会使生命逐渐充实，由于生命的充实，自然会由内心生发喜悦，这种喜悦是生命本身产生的，不是外部给予的，因此说"不亦说（悦）乎"。

接下来，"有朋自远方来，不亦乐乎"，是指志同道合的朋友在一起共学，互相交流切磋，生命的喜悦会因生命间的互动和感应，得到加强并洋溢于外，称之为"乐"。

如果明白了学习是为了完满生命、自我成长，那么自然就明白了为什么会"人不知而不愠"。因为学习并不是为了获得好成绩、找到好工作，或者得到别人的夸奖；由生命本身生发的快乐既然不是外部给予的，当然也是别人夺不走的，那么别人不理解你、不知道你，不会影响到你的快乐，自然也就不会感到郁闷了。

以上的说法并非新创，从南朝皇侃的《论语义疏》到朱熹的《论语集注》，这种解释一直是主流。今天之所以很多人会误解这三句话，是由于对传统文化修身为本的宗旨不了解，先入为主，自觉或不自觉地用了现代观念去"曲解"古人。

二、工夫路径

经典的本义既是如此，那么其内容组成，除了社会层面的推扩应用之外，重点自然是精神提升的路径、方法，实践过程中的经验总结，以及效果境界、勘验的标准等，所有这些，传统上称为"工夫"（或"功夫"）。

能够写成文字的只是工夫的总结和讨论，可称为"工夫论"，对于工夫本身来说，已落入"第二义"。由此可知，工夫论应该以实际的工夫为准的，实际工夫来自个人的亲身体验。经典中的工夫，既然是用来指导后来者的实操指南，那么此工夫就应来自公认的成就者，即被大家和后人认同的具有极高精神境界的人，中国文化称为圣贤。所以对工夫可靠性的认定，来自对成就者境界的认定，而境界的认定又来自于其人展现出的"效验"和"气象"。

或许有人会问，既然精神境界无形无相，古时候那些圣贤是凭什么认定的？对于普通人而言，对于圣贤的认定需要通过间接、逐次的方法和长期的过程。按照精神高度的差别，人可以分成不同的层级，圣人好比在九层楼，贤人在七层，君子在五层，我们普通人在一层。如果在一层的人想要知道某人是否在九层，一个可行的办法是先认定一些在二三层的人，再通过二三层间接认定更高层的人。

二三层人看到的景观虽然与一层有所不同，但是比较接近和类似，比如不远处一所房子还是一所房子，只是小一点；二三层还可以看到更远处一些景物，一层人虽然看不清但也能看到大致的轮廓；因此可以依据一层的经验判断这些人所描述的景象是否真实可信，以此来认定他们是否真的在二三层。待到多认定一些二三层的人，会发现这些二三层的人会共同认定某些五层的人，在一层的人就可以基本相信那些人是君子；君子虽然高出一层人很多，所描述的在五层楼上看到的景观，有些一层人根本不曾见过，但是既然我们认定的二三层人都说那是真的，那么我们也就愿意相信是那样的。同样道理，我们可以逐级向上，通过君子来认定贤人，通过贤人来认定圣人。如此，被很多同代人认定的圣贤，记录了他们的实践经验的著作会流传下去，后面一代代人则主要通过这些著作再来认定（其实认定的途径不限于此，超时空的感应乃至神通在精神实践层面也是重要的方式，此暂不论），这样经历代反复确认过的人就被公认为此文化传统中的圣贤，他们的著作则被确认为经典。地位确立之后，后来的人们也就会以经典，也就是圣贤的言说当作行为和自我提升的指南，佛教中称为"圣言量"。但是从根本上说，圣言量也只是间接经验，对于我们的本心本性而言，还是外在的参考标准，只是我们目前无法获得直接经验，所以需要先"相信"经典。

如果我们只是作为一个凡人生活一生，并不作自我"升级"之想，那么这些经典确实可以在宽泛的意义上指导我们，使我们维持住现有的水平，不至于堕坑落堑，想要达到这个最低目标，需要对经典和往圣先贤有敬畏之心；如果希望自我提升，走君子圣贤的超越之路，那么这些经典记载的圣贤经验更可以给我们指明方向，引领扶持，这同样需要对经典和圣贤有恭敬心和信心。但是，对于后者，对经典和圣贤的"信"就不是一个固定值，而是一个过程，需要在实修过程中逐步验证落实"信"。回到那个比喻，普通人从一层起步攀登之初，就需要树立顶层的目标，同时对于二层乃至顶层的风景有一种想象和向往——此为起初的"信"，来自圣言量，可称为"虚信"——这非常重要，不仅是确立前进的方向，还是攀登的动力。当来到二三层时，一方面原先对二三层的揣测就落实为亲证，一方面对于四五层的风景也有了更进一步的认识，同时信心也就更落实。等我们到达第五层，就实证了君子境界，并且对贤圣境界有了更亲切的体会、更明确的认识；或许终于有一天，登上了第九层，会完全确证经典上的话。——就是这样，一步一步，以自己的体验逐步印证圣贤的经验，将圣贤的经验化为自己的体验；与此同时，也由最初的"虚信"逐步落实到亲证的"实信"，此为"证量"（与"圣言量"相对）。假如不是这样走亲证的道路，只是站在原地凭借头脑意识或想象、或推断，则始终不脱空想窠臼，现代学者多坐此病，佛家谓之"戏论"。当年大程子批评王荆公只如对塔说相轮，不免捕风捉影，而自己则"直入塔中，上寻相轮，辛勤登攀，逦迤而上"，终有亲见相轮之时（《河南程氏遗书》卷一），可谓切肤入髓，惜乎今人多不察也。

圣贤留下不同的经典，路径和方法有别，体现了各人特性、处境的差异，传统称为"根器""机缘"。修证的第一阶段，需要确定适合自己的路径和导师，过此方可称"入门"。就儒门而言，孔子身后，儒分为八，表征了学问路径的分化；论其大端，向有"传经之儒"和"传心之儒"之分。所谓传心之儒，并非不传经，而是以修身为本，这样在解经传经之时，以工夫体验作为理解和诠释经典依据，如果修证有方，则虽不中亦不远矣。所谓传经之儒，乃以传经为务，其释经亦以理论推导、文字互释为主，传经者如果缺少实证经验（没有自觉用工夫或工夫境界太低），很可能转说转远。如汉儒说经动辄万言，政府立"五经博士"，解经传经成为学官专业；"传心"式微，转为边缘暗流，可以想见。与此同时，经学乃至儒家本身的衰落也就蕴含其中了。如前所述，文化和经典的根本在于个人身心的实践，亦即须有可操作的修持方法，还要有一代代的成就者保证这些方法的效果和传承。因此传经之儒保证不了经典的鲜活性，当传心一脉中断，工夫路径湮没，经典变异成历史资料集之时（喊出"六经皆史"的，必然是儒学衰微的时代——清代主流自称"汉学"自有其学术依据，亦与汉儒同坐其罪），作为学派的儒家即失去了其根基，很容易沦为统治工具。时代精英亦自然汇聚到佛、道门中，所以有"儒门淡泊，收拾不住"的感慨。

　　这正是宋儒所要解决的问题。汉宋之变，其实质就是回到"传心"的路径上。曾子、子思、孟子一脉，被宋儒拈出，特为表彰，与《大学》《中庸》《孟子》经典地位的确立一道，成为孔门正宗。其背后的原因，前人多有考论，如果从工夫的角度来看则昭然若揭。支撑宋儒的，并非当今哲学史家看重的一套"性命理气"的理论系统的建立，而是找出清晰的工夫路径和可操作的修身方法，其心、性、理、道等名词概念主要是为了说明工夫原理和实践经验①，这里当然有佛、道二教的刺激，但宗教间的竞争根本上不是理论的争辩，为了生存，必须找到自己的修行成圣的路径和方法，如果要竞争，也只能从这里竞争，看谁的方法有实效有保证。并且对抗往往先从内部开始，所以有"道

---

　　① 这里当然也涉及现代所谓"宇宙生成论"问题，但并非来自理论的兴趣。"天""道"既是生命的来处，也是工夫的源头，《中庸》首章说得明白："天命之谓性，率性之谓道，修道之谓教。""率""修"已进入工夫领域，下面紧接着就是工夫的具体展开："道也者，不可须臾离也，可离非道也。是故君子戒慎乎其所不睹，恐惧乎其所不闻。……"此外，"天""道"还是修行的目标或人之归宿。儒道二家于此大体一致，只是着眼点不同：儒家重起点和此生，故以人道合天道；道教重目标和去处，故多天界神仙之谈。

统"论的建立。韩愈发其先声，谓"轲之死，不得其传焉"，宋儒接着说，其后千有余年，乃有周、程诸子出，直接孔孟之传，其表征的正是"传心"对于"传经"之儒的拨乱反正。

类似情形在佛教内部亦有发生，不妨参照。唐朝初年玄奘法师载誉归来，翻译大量经典，并开创了中国唯识宗，国主僧俗崇信，一时无两。然而二三传之后，唯识宗即迅速衰落，取而代之的，则是密宗（这里指的是从"开元三大士"入唐开始，从玄宗到德宗皇帝尊崇的唐密）和禅宗。唯识宗不论在印度还是中国，其特长在于理论系统的完备深密，与之相应，其修持方法也以深入细密辨析心相为主，高度依赖于学识和思辨力，难于落实到一般人的修持操作上，因而一个直观的结果就是，如玄奘大师这样的成就者太少，后继乏人。修行路上，普通人要付出艰苦长期的努力；其间的动力，除了获得可以感知的"法效"之外，还需要榜样的力量支撑。相较而言，之后的唐密则不仅有完整的修持仪轨可以凭依，几代祖师所显示的功效和神通令皇室心折，数朝奉为国师；禅宗的修证虽以不落文字著称，但其修持路径和方法是清晰的，对于相应的

根器而言，依然有章可循便于操作，且其代代相
传，皆有明心见性的宗师作为保证。后来密禅二宗
亦相继衰落，其根本原因也是在修证方面的后继乏
人，传承中断，① 可见宗教（此取其传统和宽泛意
义）的根本在修持，修持须有可行的方法和切实的
效果。

三、从浑融到精微

宋儒的使命，是从秦汉以来榛芜已久的荒野之
中辟出一条路，由凡至圣之路。

说开辟，毋宁说是恢复。因为由凡至圣的途
径，至迟在孔子那里，已然清晰呈现了。如前所
述，"学"，就是孔子开辟的这条路的宣言——孔子
自己示现了从凡夫（"吾少也贱"）自励修学
（"吾十有五而有志于学"，"十室之邑，必有忠信

---

① 唐密衰败之由，主要是外部环境压迫造成的传承中
断，其经唐武宗毁佛教、朱元璋禁习密，遂于汉地中绝，所幸
唐德宗时传于日本，兴盛千年，民国年间乃得反哺中国，流传
至今。禅宗的逐渐衰落，则主要因为随着时代更替学人根器跟
不上了，这也是宋明之后禅净合流，乃至净土独盛的内在
原因。

如丘者焉，不如丘之好学也"），逐步提升直至贤圣（三十、四十、五十、六十、七十，十年一个台阶，一个新的生命境界）的全过程。孔子自居于"学者"，即终生学习的人，且只问耕耘不问收获："若圣与仁，则吾岂敢？抑为之不厌，诲人不倦，则可谓云尔已矣。""为之不厌"，学也，即自觉；"诲人不倦"，教也，即觉他；更深入一层，所谓教学相长，学也是教，教也是学：均是过程中事，不自居于已成。这里既是表示自我态度，也是为后儒立法，效法天道，永远在"学"的过程中，"天行健，君子以自强不息"，是以《易》终于"未济"。

当然这并不妨碍，或许更使得学生及后人推崇孔子为圣。到了汉代，更是由圣而神（倒也并非无据，孟子说"大而化之之谓圣，圣而不可知之之谓神"），被赋予了很多神通异能；更重大的变化是，孔子被认为是天降圣人，不学而能，其使命乃是为后世立法。因此汉儒说经，重经世而轻心性；演绎神异，乃有谶纬。如此一来，孔子示现的成圣之路既不得信重，《论》《孟》、五经里的工夫路径亦湮没不彰。

　　究实而论，汉儒那里未始没有工夫。高推圣境，敬天祭神，背后是一种虔敬之情，这是从神话时代延续下来的宝贵资源，其本身也可以成为工夫，但是汉儒对此缺乏自觉的意识，则其自我提升的效用亦微矣（类似于宗教中的善信之众与"修士"之别）。与此对照，相信凡人可以成圣，自觉运用工夫以提升自我，这是孔子提炼出来的中国文化中至为宝贵者，这种自信自觉在汉儒那里重归晦昧，是非常可惜的。在此意义上，儒学在汉代是一个曲折。

　　接下来的魏晋南北朝至唐、五代，对于儒学而言确乎漫长而晦暗，与之对照的是佛、道二教的蓬勃发展。其间正是二教工夫体系的成熟期，唐代佛教各宗相继而兴，大德高僧灿若群星；道教丹道修炼也逐渐系统化，形成自己的特色。宋儒的异军突起，正是在这样的环境里产生的；所谓"礼失求诸野"，一面是自身传统的失落千年引其奋发，一面是二教工夫修炼的丰沃土壤足资滋养。回看宋儒的道统说，以周程直接孟子，体现的既是传心之儒的认祖归宗，更是身心修养工夫的回归以及贤圣可期的自信自强。"问渠哪得清如许，为有源头活水来"，只有在此意义上，儒学才是真正的活的学问。

宋儒重建的工夫系统，立足于对孔颜曾思孟工夫的回溯和整理，同时融入了时代特色。概括言之，先秦道术皆脱胎于上古之巫①，巫术可谓一切工夫的源头。经过孔子提炼的工夫，乃以人的活动为基，在生活中自觉地以人合天；巫的本质是"降神"，即神灵来合人（当然有高级的"神显"和低级的"附体"之分，此不深论），工夫则是人通过自觉的精神修炼以上合天道。但是孔门工夫中，天人、人神的联系仍然紧密，礼、乐、《诗》、《易》中在在可见。礼乐来源于祭祀，而祭祀则是巫的重要领域。作为孔门工夫的"礼"，保留和强调了其

---

① 此"巫"请勿误解，巫字从字形上看其义显豁，乃是沟通天地人的媒介。远古时代，天人往来畅通，后来"绝地天通"（首见于《尚书·吕刑》），天人的沟通就成为一种专职，由具有灵性能力和专门技术的少数人掌握，这个特殊群体称为"巫"，大巫不仅掌握通灵之能和术，也是文化的传承者和氏族王朝的首领。这种情况，在伏羲女娲等远古传说，《山海经》的各种神异记载，乃至《史记》开篇的《五帝本纪》中，仍然可以窥其大略。

中的虔敬之情，比如"祭如在，祭神如神在"①。
《乐经》虽不传，乐的精神在《诗经》里尚可想
见；乐，就是情感的和乐状态，需要在人之"常
情"中体验，比如经孔子删述的《诗》三百，以
《关雎》的男女之情开始，以"颂"的敬天娱神结
束，合乎《中庸》所言"君子之道，造端乎夫妇，
及其至也，察乎天地"之序，亦为"情"之工夫次

————————

① 这句话现代人往往简单当做比喻而轻忽，孔子的
"如"，只是区别于生人肉体的存在，不妨其为具体生动的鬼神
之"在"。《中庸》引孔子的话说"鬼神之为德，其盛矣乎；
视之而弗见，听之而弗闻，体物而不可遗"，是说鬼神确乎存
在，但不能用肉眼见，不能以耳朵听。如何感知呢？"使天下
之人，齐明盛服，以承祭祀；洋洋乎，如在其上，如在其左
右。"人以诚敬感格鬼（这里是指祖先）神，切实感受其降临
身边，此为精神的感通，其工夫的关键是用心用情。下面的一
段描写更具体形象：

　　齐（斋）之日：思其居处，思其笑语，思其志意，思
其所乐，思其所嗜。齐（斋）三日，乃见其所为齐（斋）
者。祭之日：入室，僾然必有见乎其位；周还出户，肃然
必有闻乎其容声；出户而听，忾然必有闻乎其叹息之声。
（《礼记·祭义》）

"思其居处，思其笑语，思其志意，思其所乐，思其所嗜"，此
为工夫。这里的"思"是思念，不是思考，思考用脑，排除情
感；思念用心，有情，用回忆不断加强情感的浓度。"见乎其
位""闻乎其容声""闻乎其叹息之声"，此为效验。此处的见
闻，也不是肉眼、耳朵所得，而是心的感通。

第。① 孔子韦编三绝，作《十翼》，《易》在孔门工夫中之地位可知，而《易》道幽微，处处皆寓天人感应，为下学上达的高阶教程。一言以蔽之，孔门工夫是天人连通、情理交融的，其形态特征是浑融的。

宋儒的工夫特色，也要从其历史环境变化，及其所处的实际生活状态中理解。相较于先秦，中古时期天人关系进一步疏远，日常生活中具体可感的乃是世间鬼神（民间所说的"三界"中，天界高高在上，与人关系紧密的是人间和冥界的鬼神仙灵）。在宋儒那里，一方面对于祖先以外的世间鬼神持一种疏离或排斥的态度，另一方面"天"高悬

---

① 《史记·孔子世家》中生动记载了孔子学琴的经过：

孔子学鼓琴师襄子，十日不进。师襄子曰："可以益矣。"孔子曰："丘已习其曲矣，未得其数也。"有间，曰："已习其数，可以益矣。"孔子曰："丘未得其志也。"有间，曰："已习其志，可以益矣。"孔子曰："丘未得其为人也。"有间，有所穆然深思焉，有所怡然高望而远志焉。曰："丘得其为人，黯然而黑，几然而长，眼如望羊，如王四国，非文王其谁能为此也！"师襄子辟席再拜，曰："师盖云《文王操》也。"

以工夫的眼光看，此是通过操琴，逐步澄明自心的过程，"志于道，据于德，依于仁，游于艺"乃孔门工夫论之总纲，此则生动展示了"游于艺"，即由技入道的工夫路径。同时艺乐不离神人之交感，最后文王之相赫然呈现，亦即"以乐通神"的境界。

为遥望的近乎抽象的存在，这既是时代原因造成的天人远离，也体现了宋儒阐发的"理"的特征。这一转化可称为"以理代天"。

上古时代天人的紧密关系，可以从遗典中窥见，经过孔子删述的五经，依然保留了这样的底色。彼时天人之间通过巫而上达下传，通过祭祀卜筮等建立联系，经孔子转化为礼、乐、《诗》、《书》、《易》的工夫，增加了自觉的修身意识，但其工夫注重感应和情，与上古的巫文化仍是血脉相连。感应的基础是"情"，情既是人的自然需求，又可以作为工夫和教化的重要方式，因此有学者依此精神将诗教礼教称为"情教"。宋儒继承了诗、礼的教化传统，但是其中情感的作用明显减弱了，比如朱子解《诗经》，始终有意识地将人情导归于中正平和之理，可说是"以理化情"。

例如，朱子解释《关雎》，延续汉儒之说，认为此诗主旨乃表"后妃之德"。《关雎》所表达的浓郁的男女情爱，因而转变为以德相配的"理性"态度。"求之不得，寤寐思服，悠哉悠哉，辗转反侧"，其心念相继、情思绵绵之态，朱子解释为："盖此人此德，世不常有，求之不得，则无以配君子而成其内治之美，故其忧思之深，不能自已，至于如此也。"把春草般自然之情思，加了一个曲折，变成了因寻思其德之稀有难得而求配的"忧思"，此"忧思"无疑含有理性成分（甚至有功利的衡量："配君子而成其内治之美"），与直接发自身心的"情思"已非同一层次（用佛家言，情思属"现量"，忧思则属"比量"）。从朱子的角度来看，《关雎》表达的世俗之情、男女之爱，须拉到后妃之德上去才能符合"经"的地位。然而，《关雎》乃《诗经》开篇第一首，对照于《论语》首章的开宗明义，地位不可不为隆重，以汉儒、朱子的解释，显然不能相应（"后妃之德"乃《毛诗序》之言，郑玄则走得更远，乃至于有后妃另求淑女为姜以配君子之说）。这里表征了不同时代儒家工夫中，情的地位和作用的差异。在孔子那里，作为天人相应的基础的"情"，并非无源之水，其发端恰在于男女之爱情，就如孝亲之"孝"本是"私情"，却为"仁之本"（《论语·学而》："有子曰：孝弟也者，其为仁之本与!"）。再如《易经》上经讲天道，下经论人道，并有对应关系；上经以乾坤二卦、下经以咸恒二卦开始，即以男女之情对应乾坤之合。抛开男女之情，不惟不近人情，难于实行，恰恰失去了体会天人相应的良机；真切体会男女相爱慕的自然直接，彼此情思的绵绵不绝，将之延伸到慕天爱神，思念相继，这就成为工夫，而且是根本的直接的工夫。就如印度瑜伽修炼的分类，按照《薄伽梵歌》所示，"敬爱瑜伽"直接与神连接，乃是最简易直截的工夫，礼乐《诗》《易》的工夫庶几类之；宋明理学则类似于"智识瑜伽"，其修持工夫是依据"自力"、偏重"理性"（此处借用理性一词，包含了心性和后天意识）的，其形态特征是精微的。

回顾工夫的发展历程，上古巫术的阶段，巫的身份基本是"天选"的，其天生具有通灵的特质，在某个特殊机缘或经过一定的训练，获得"降神"和"出神"的技能①，起到沟通天人、人神的作

---

① 此类工夫和技能并未消失，而是不同程度和不同形态地保存在三教和民间宗教中，前者除了与感应、加持有内在联系之外，主要体现在民间扶乩等方术以及巫女神汉的那里，演变成仙灵附体，与上古沟通天人的巫已不可同日而语；后者则成为重要的宗教修炼术，比如道教内丹、佛教密宗等都不乏这样的记载，甚至儒家例如王阳明的传记里也有类似的传说。究实而言，出神或神游乃是修炼到某种境界时的自然效用，不是某家某派专有的，区别只在于是否将此作为自觉的工夫或追求的境界。

用。孔门工夫的意义，则是将少数特别人掌握的特殊技能转化为具有普遍意义的，普通人可以学习的，用于提升精神高度的方法。其与巫术的连接在于，一面保留和提炼礼乐仪式及其内涵的情感作为重要工夫手段，一面不刻意追求但也不排斥天、神（灵）在中间的强化作用——与此类超时空存在保持不即不离的态度——不追求，是因为没有特殊机缘的普通人难以获得，反而容易产生副作用；不排斥，是因为此类作用真实存在，且往往会产生奇妙的效果。汉儒则在此意义上有所倒退，即回到了以天和神为中心的，将孔子视为天选和沟通天地的大巫，从而弱化了儒学的工夫内涵，使得孔子开出的"下学而上达"工夫路径晦昧不明。宋儒重新清理出这条以人为本的工夫路径，且在孔子的基础上进一步强调了人人可以学而至圣；因为强化以普通人为基础的路径，则弱化了天和神在工夫意义上的"加持"之力；工夫转移到对心性的高度自觉的精细磨炼（黄宗羲《明儒学案发凡》所谓"牛毛茧丝，无不辨晰"），同时削弱了作为工夫的"情"的地位和作用，以及与天连通的"礼乐"之本义，使得礼成为心性磨炼的辅助手段——所谓"内外夹持"工夫之"外"的一面——或者作为社会规范和"戒律"意义上的外在约束。

宋明儒学内部又有理学、心学的分化。相对而言，从大程子到陆象山到王阳明这一路，更注重"心"的感应、灵明作用，因此被称为"心学"。相对于小程子、朱子一路的更理性化、更重礼的外在规范作用，心学则对于诗的情感特性更有感觉，比如大程说《诗》注重"吟咏情性"，"浑不曾章解句释，但优游玩味，吟哦上下，便使人有得处"（《近思录》3.43，3.44），因此其个人气象更接近孔孟浑融和乐，令学人"如沐春风"，与小程之"程门立雪"恰成对照。这里不当只看作个人气质之别，亦体现出工夫路径的差异。

陆王一路可以看成是在宋明范围之内的"传心之儒"，相对而言，程朱一路则更偏于"传经之儒"。如果借用佛家自称"内学"的含义，用内、外来标识学问与心性工夫的紧密程度，"传心之儒"为内，"传经之儒"为外，同时两派之内又可再分内外，图示如下：

心学在一定程度上对理学起到了平衡中和的作用，使其不至于产生大的流弊。但是理学的工夫路

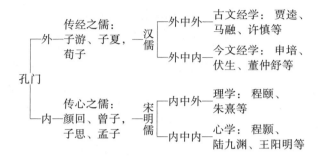

数也是时代背景下大多数人"心理状况"的反映，随着天人远离，心灵能力普遍退化，或者说灵性充足的人变得稀少，人们越来越习惯于运用脑力（理智）。因此心学兴起的内在动因，即是不满于理学之偏于理性和知识（理学可说是心脑参半，在心学看来则是主次不分），将工夫全部收归当下之"心"，虽则其简易直截大受欢迎，但是当心学普及推广时，其困难也就显现了——普通人难以直接切入灵性层面，容易流于意识的模拟想象，其流弊至于认欲为理，猖狂恣肆。这也是阳明后学分歧的根本原因。理学、心学的差异当然与个人气质特点相关，每个人需要找到适合自己的路径，也就决定了会有偏于理或偏于心的选择；同时，在心上用功也需要找到适合自己的抓手，或当下直入，或迂回而进，或寻求辅助，这又在心学内部造成差异和分化。

到了明末清初，心学困境、流弊加上时代风气的外力影响，使得儒学主流逐渐向理学复归，及至清中后期又进一步成为"礼学"；此时的礼教已经基本丧失了孔门工夫中的情和感通的一面，也就失去了"礼意"，而专成为外在约束的、僵化的教条，从而堕落为统治工具，所以才有"五四"时期"吃人的礼教"这样的控诉。这是礼乐精神一步步失落和变异的过程。与此同时，则有清代"汉学"的兴起，认祖归宗于汉代传经之儒（主要是古文经学），此为儒学的知识化。遭此内外夹击的儒家又一次进入低谷。谁曾想，清末以来又遭遇全球现代化的大潮，以内圣工夫为性命的儒学，连同同气连枝的佛道二教一起，被卷入了前所未有的深渊。此为"三千年未有之大变局"之本质①。

①　清代儒学虽肌体逐渐衰弱，其能维持生命保持一口真气，仍是靠的宋明儒学的延续，不绝如缕。所谓同治中兴，其根骨乃是曾国藩师友团体以讲学修身相砥砺，带动振刷朝野风气的结果。无奈时代大环境，就心性实践之学而言，已然踏入一个循环中的"坏、空"之相。作为曾门弟子的李鸿章，无疑是对于儒家运命、现代风潮有双重刻骨感受的人，能说出这句直透骨髓的话实在情理之中。这一时段的相关论述，可以参阅拙文《常道与常识：重估梁启超之路》（载《原学》第一辑，复旦大学出版社，2021年）。

以熊十力、马一浮、梁漱溟为代表的现代新儒家，以及佛教复兴运动，均属文化"返本开新"思潮的一部分，都应看作对此"大变局"的自觉反应。而现代新儒学需要面对的，表面的一层是中国文化怎样应对现代化的冲击，这是容易看到的层面，而且儒家作为传统文化的代表冲在前面。更深一层的问题，则如同上一次新儒学（海外学者习称宋明儒学为"新儒学"）创立之时所面对的，是工夫路径的湮没和人才的旁落，这一层则容易被忽略。现代新儒家因此产生分化，而大部分人包括后来成为主流的熊牟师弟将主要精力放在了儒学哲学化的理论建设，即应对第一层冲击，对自身加以转化，此固有其时代意义，但如果脱离了工夫（修身）之根本，难免陷入当年唯识宗的困境。[1]

———————

[1]　现实情况也是如此，熊、牟（宗三）一系新儒家辗转港台之际，声名远播，然而两三传之后，完全学院化，与一般儒学研究者无异。当年余英时与新儒家意见不合，曾有"游魂说"，认为儒家学说是建立在宗族和政治制度之上的，制度不存，魂无所寄；依本文观点，则儒家精神在修身，工夫不存，其病在"失魂"也。关于现代新儒家的分歧和演变，请参阅拙文《熊十力与马一浮——试论现代儒家的两种取向》（载《马一浮研究》，上海古籍出版社，2008年）。

四、我们今天怎样用工夫

回到自身，处于这样一个天翻地覆的大环境，怎样学习经典的工夫，改造自我的生命，这是我们的时代命运，必须自己解决。就工夫路径而言，所谓"法无高下，对机则宜"，法门无量，而每个"机"都具有特殊性，需要找出适合自己的那一条路。"机"有两个层面，一是个人的根机（根器），二是外在的机缘；"对机"，意谓修行方法既要适合修行者本人的特点，还要适应当下的时空环境，便于实行。基于此，又可将问题分为两步：第一，弄清楚经典提供的不同路径各自的"对机"；第二，认识今天我们自己的"机"，选择相应的道路，并在修行过程中根据具体情况加以调适。

经典和古人所提供的路径是一些个案，我们读书时需要时刻有这个意识，在还原"当机"（所对之"机"）的前提下理解这些工夫路径，也就是孟子说的"知人论世"：知人，即认识此人的根机；论世，即了解他所处的环境。在此前提下，才能充分把握其路径的本质，才能明白此个案对于自己的参考作用；如其不然，就像拿着别人的药方生搬硬套用到自己身上，不得其利反受其害。

于此有一典型事例且对于我们今天用工夫影响甚大者，不能不有所论列，即如何理解宋明儒之"辟佛老"。

此问题的由来，主要关乎在特殊时代环境中建宗立派。如前所述，宋儒怀抱复兴儒学的强烈愿望，又需要在继承中走出一条新路。彼时儒学虽然表面上还占据国家意识形态的地位，内在已然空虚，面对释道两家精神充足、人才辈出的局面，宋儒的心态是峻急的。因为自身发展停滞了，而别家正在鼎盛期，汲取资源，有所借鉴，所谓"礼失求诸野"，是再自然不过的。此为文化发展和交流的常态，本不必讳言，宋儒采取的严分彼我，乃至非难排斥的态度，实际是体现了在夹缝中求生存，须撑开双脚、扩大领地的宗派意识，对此不妨予以同情之理解。立派之初，或自感危亡之时往往而然；历史上佛教内部各宗之论争，例如印度本土的小乘、大乘之争，空、有二宗之争，唐代的天台、华严之争，后来的禅、净之争，性质与此相同。但究实而论，这种情况类似于当今习见的立场先行，其出发点和论辩内容不是、至少不全是来自学理。

如果不涉及宗派势力的考虑，即使辨明两家学问的立足点和目标有别，工夫和境界层面仍然可以互相借鉴资取，最自然的态度是大方承认，公开交流，或者各行其是也未尝不可，本不必大加攻讦。正是有了压制对方、张大己势的需求，特别是宋儒有拿回失去的地盘的心态，才会有峻急乃至极端的言论，比如援引孔子诛少正卯、孟子辟杨墨，极言佛老之危害有如洪水猛兽。孔子曰"听其言观其行"，从最早严厉辟佛的韩愈到朱子，其私下仍多与释子道士相往还，试想如果佛老真的是邪道，韩朱何可如此言行不一；若说拒斥的只是佛老末流，等于说佛老之流弊是人弊而非法弊，且只要是在世间实行，法法皆有流弊，宋明儒自身的流弊，明末清初之士至于痛心疾首。（至于宋儒所非议佛老的种种观点，有的切中时弊，足可为借镜，有的则实属有意无意的曲解，具体分析留待各书"导读"，读者自行判断可矣。）

这种历史境遇造成的立场先行的情况，亦可由宋明儒态度的变化大略考察。如单就工夫路径而论，理学、心学与佛老的远近关系是有差异的（可参考上面的"内外关系图"，心学既然是"内中内"，自然与佛老"内学"关系更近），大体而言，心学的工夫较为浑沦虚灵，包容性较强，对于佛道也有更多的吸取借鉴，理学的工夫形态距离佛禅较远（有一种说法，理学近道，心学近禅；从工夫的角度看，心学确实与禅宗颇多相通和借鉴之处，而理学对于道教的兴趣多见于理论层面，比如朱子注《参同契》《阴符经》而隐讳本名），实际上程朱一系也多持更为严厉的"辟佛"态度。但在两宋期间，心学一系的从大程到象山，即使在工夫上颇多借用，在立场上仍然与理学保持一致，对于佛老"不假辞色"。这种在立场上的一致，恰恰说明了宋儒的"辟佛老"更多是出于开宗立派的需要。

到了明代中期，三教的地位发生了重大变化。儒学一方面经过近五百年的努力重新从工夫层面立定根基，另一方面随着理学成为科举考试的规定内容，确立了作为官方意识形态的地位，佛道二教转而向儒教靠拢，寻求自身的"合法"地位。举一个象征性的例子，万历年间意大利传教士利玛窦来华，先是穿僧服传教，但是很快发现在中国儒教地位远比二教尊贵，就改易儒服，并确立了"补儒易

（取代）佛"的传教策略。随着势力的彼消此长，明儒在此问题上的态度也发生了很大的变化。王阳明虽然仍表达过区分儒佛乃至贬低二氏的说法，但与宋儒相比，已经缓和多了，更像是不便于公开违反此前数百年的习惯，象征性表示一下。① 阳明有一个著名的"三间屋子"的比喻，最能表明他的真实态度。有学生问，世间、出世间学问，儒释道是否各占一块。阳明先生说非也，儒学本是贯通世出世间的，只是后儒不肖，把自己限定在世间法，把儒学弄得狭窄和浅薄了，就好比主动割让了左边一间、右边一间给佛道二氏，其实三间屋子都是圣学

---

① 比如他说佛氏逃了君臣、父子、夫妇的人伦关系，是"着相"，儒者不逃避，反而是不着相，这不但是引用了佛家的观念——着相——而且此说法指向的只是佛教徒出家的形式，仅是延续二程的一个观点："敢道此（指禅宗《传灯录》）千七百人无一人达者。果有一人见得圣人'朝闻道夕死可矣'与曾子易箦之理，临死须寻一尺布帛裹头而死，必不肯削发胡服而终。"（《二程遗书》卷一）此仅为二程辟佛言论之皮相者，不难反驳。因为对于佛教修行，出家并非必须的，唐宋以来很多有成就的大居士，且不乏身居高位颇有政绩者，并且，若出家是为了获得相对清静的修行环境，作为一种方便手段虽有其合理性（类似于宋明儒提倡静坐），但并非出家的本义，照大乘的说法，出家乃表明"荷担如来家业"的志愿，以及为了弘法的需要而取得一个"专业"的身份。

本有的。这里是个包容性的说法，只是说你们有的我也有，我可以包含你们的优势，与当初宋儒的口径不可同日而语。并且说："圣人与天地民物同体，儒、佛、老、庄皆吾之用，是之谓大道。"（见钱德洪编《王阳明年谱·嘉靖二年十一月》）此以儒佛老庄并列，同为大道之用，直与《庄子·天下篇》同调矣①。不妨将此视作三教关系转折的一个标志，此后尽管严守三教门户的声音仍时有发生，三教合流作为明清以来中国文化的主要趋势是没有疑义的。

实则这也是中国文化精神的体现，冯友兰用儒家的语言将之概括为"极高明而道中庸"（参见冯氏《中国哲学简史》），用佛教的话说，"畅佛本怀"之究竟指归，其特质是"即世间而出世间"，世俗生活和超世精神圆融为一，称为"一乘"，为佛教究竟圆融的意旨，佛教的发展可以看作是此宗

---

① 《庄子·天下篇》："是故内圣外王之道，暗而不明，郁而不发，天下之人各为其所欲焉以自为方。悲夫！百家往而不反，必不合矣。后世之学者，不幸不见天地之纯，古人之大体，道术将为天下裂。"——道本是整全合一的，因后世学者不见全体，而各执一方自以为是，才造成了现在的分裂。

旨不断开显的过程（此即《法华经》所开演的"会三归一"之旨）。就儒释道各自的发展而言，三教通过互相激发借鉴，在各自内部不断趋近之或完善表现之；就文化整体而言，至少从唐宋以来，三教融合成为中国文化发展的大趋势（不管是否承认，这样的融合是实际发生的），其内在理路即是不断趋近此真精神。王阳明的"致良知"教法，从儒家内部发展来说相当于儒家的一乘教，就中国文化而言，则可看作三教融合的成果。阳明诗云"不离日用常行外，直造先天未画前"，其特点是每个人就各自职业和身份的方便，在日常生活中随时随地用工夫修炼；佛、道两家的近现代趋势也是在家居士逐渐成为主流乃至起到中流砥柱的作用，都是这种文化精神的体现。

但是融合并不必然取消各自的独立性，三教可以在保持自己宗旨的前提下吸收融合他教因素，同时承认别家的价值和存在意义。这就涉及到"判教"。这个词起源于佛教，随着历史发展，佛教内部宗派林立，互争短长，乃至存在分裂的危险，此时就有人出来，将各宗各派放在同一个系统之中，分别判定其所处位置，理顺彼此的关系，衡量各派的特点及优劣。判教者往往是一派之宗师，以本派为立足点，对本派和他派分别给予定位和评价，而其他派别的宗师也会站在各自的基点上作出不同的判教。诸如历史上发生的天台与华严的判教，彼此争竞，但是站在第三者的立场上看，他们虽然判教不同，在各自的立足点上可以分别成立，不相妨碍，就像密宗之曼荼罗（意译为坛场，表示在功境中观见的诸佛菩萨金刚的空间排列，可铸成立体的土坛，亦可画成圆或方形的图画，以助修行），每一尊都可作为一个中心（本尊），其余诸尊层层围绕，成立一个曼荼罗；无数的曼荼罗各自成立，不相妨碍。

判教的前提是承认其他宗派也有其价值和意义，大家在大方向上是一致的；通过确立彼此的位置关系，可以更好地认识各自的特点，从而扬长避短，利于发展完善。在佛教历史上，判教也正是发挥了这样的正面作用，虽然从表面上看，各派的判教争论激烈，但这是体系内部的竞争，而非你死我活的正邪之争，并且促进了各自的发展和相互的融合。上述阳明"三间屋子"的说法，其实是基于儒的三教之间的"判教"，这样的态度与宋儒特别是理学一系比较，性质已经改变了——由正邪之争变成了高低、偏圆的中国文化内部之争。现代以来，立足于世界文化作出更大范围的新的"判教"尝试的不乏其人，比如太虚、牟宗三就分别以佛、儒立场判教，皆有较大影响。这是因应时代需要，在政教分离、信仰自由、文化交流密切的大环境下——这是现代化带来的便利——求生存意义上的对立争斗已经不是宗教间的主要问题，相反，各宗教、各文化传统在超拔人的精神、丰富人类精神生活这个大方向上是一致的，需要联合起来共同面对时代的困境——现代性的弊病带来的精神的扁平化、环境的恶化等。因此，世界文化范围内的判教是必要的和有效的方法，需要后来者继续拓展和深化。

修行者有各自的选择，可以融合多家，也可以持守单一的法门，但不妨多了解一下别家别派，才能了解自家所处的位置，掌握其特点，扬长避短；如果不顾现实环境，重弹排斥异端的老调，则难免胶柱鼓瑟，误人害己。当今常见的现象，自认为佛教徒的，往往以儒、道为不究竟而轻慢之，佛门修持之精微对治工夫既未学到手（这也与时代有关，精细分析起观的唯识等法门衰落不行，净、禅之门又容易产生粗略简慢之流弊），如能借鉴宋明儒学之反身体察工夫本可大有补益，却因门户之见，不仅不得其益，反助长自身傲慢。以"醇儒"自命者，拾人牙慧以为"吾道自足"，甚者重启理学、心学之衅，狭小其心胸，自绝"上达"之路，终身落于阳明所贬斥的"世儒""俗儒"（实即孔子所斥之"小人儒"）而不觉。

今天所面对的问题，与宋儒当时相似，需要将失落的修身"旧路径"找出来，在新环境下接着走。这就要求，首先知人论世地了解宋儒的工夫路径，在此基础之上，继承其精神，借鉴其经验，走出适应时代、符合自身特性的新路。与古时相比，今天外部环境的变化可谓天翻地覆，人类文化的融合、科学的发达和思想资源之丰富，是前所未有的，同时人类文明危机、自然环境恶化之深重，也是空前的。与前贤相较，我们须具备更广阔的视野，置身于更完备的坐标系中，找到属于自己的那一条路。换言之，只有胸怀全局，参照他者，才能找准自己的位置；只有准确定位，了解自己，才能广泛借鉴，发生新的融合。

意犹未尽，再多说一句。上古以来，人类的历史似乎是天人逐代远离的过程，与此相应，精神修炼的工夫也由重他力转向重自力，从浑沦到精微，从天人相应到内观心性。所谓物极必反，当科技走上顶峰，环境急剧恶化，内心危机感极度飙升之际，天人关系或许会再度拉近，此时或有某种消息来临——倾听内心的声音，参照远古的神话，注重情意的浑沦工夫，乃至借助科技的幻化功能，或许可以熔为一炉，迎来千年未有的机缘……

五、丛书缘起

十几年前我入职出版社不久，注意到马一浮先生于 1940 年代主持复性书院期间刊印的"儒林典要"丛书，心有戚戚焉。

其时笔者正经历读书求学的转折期。负笈上海读博，专业从文学转到历史，还旁听了些哲学系的课，脑袋里塞了不少知识概念观点，但是对于中国文化总觉不得其门而入，另外内心深处一直藏着的那个动力——寻求一条精神超越之路——始终在鼓荡。因作博士论文的需要，一边细读阳明和门弟子相关语录，同时读到牟宗三《从陆象山到刘蕺山》，恍然有悟，认识到《传习录》等书本来就是修行工夫手册，正是士君子的上出之路，里面的师徒问答，无非是讨论走在这条路上的经验、疑难和风光。我的困惑迎刃而解，也找到了自己苦苦寻觅的人生方向。按此思路，将四书到宋明儒诸典寻绎一过，无不若合符节，种种疑难涣然冰释。同时从牟宗三上溯熊十力、梁漱溟、马一浮诸家，无不亲切有味。回顾现代新儒家四先生于我之帮助，牟、熊引领我切入儒佛义理系统；梁、马义理阐发各有精到之外，注重工夫实践，更能引发我的共鸣。

有此前缘，当看到马先生"儒林典要"诸书时，萌发一念：与我有类似困惑者当不在少数，推己及人，何不将这套书完整出版，一则为有缘人趋入传统学问提供便利，二则亦可实现马先生未完成的计划。

甫一着手，便发现两个障碍。首先需要确定书目。马先生1939年主持复性书院之初即有刻印群籍的计划，"儒林典要"为其中之一，当时正值战乱，典籍不备，计划也不断有所变化，需要在理解马先生思路的基础上根据当今现实需要加以调整。再者，需要为每本书寻找合适的导读者。这套书除了系统地推出宋明儒学著作之外，更重要的是帮助读者回到原典本义，读懂理出工夫理路、方法，并能在生活中实地运用验证，为此需要在书前各增加一个详细的导读，这是本丛书区别于其他整理本的主要特征。然而，以我当时的阅历范围，举目四顾，能当此任者实难其人。只好暂时搁置，自己求师访友之余，此念未尝或离。所谓念念不忘必有回响，多年以后，同道师友圈子却也逐步扩大，亦渐渐颇有愿意襄助此举者。现在终于可以逐步落实此事。

据马一浮先生《复性书院拟先刻诸书简目》（下称《拟目》），列入"儒林典要"初步计划的共有近 40 种（此外另有传记、年谱类六种列入"外编"），其中除少量文集外，大多是宋至清儒代表性的专书（包括语录）。此后马先生还约请与宋明儒学渊源甚深的钟泰先生（钟先生乃号称最后的儒家学派"太谷学派"之重要传人）整理了一份《儒林典要拟收明代诸儒书目》（下称《续拟目》；据钟先生《日录》"1945 年 10 月 7 日"条，言将此"交湛翁酌定"，应为未定稿），共 60 余种，大多为文集。经查考，复性书院当年陆续刻印了"儒林典要" 13 种，均为宋明儒自著或经后儒辑注的专书，如周敦颐撰、明儒曹端编注的《太极图说述解》，罗近溪《盱坛直诠》等。寻绎马先生的辑编思路，当以能够代表著者的学问、体现其工夫的专书为主，文集之列入拟目者，盖因缺少该著者现成的专著，或文集本身篇幅不大，取其辑刻方便耳。①钟泰《续拟目》中，亦言明"文集虽存，而既有专著，求其学不必定于其文者"，则收专著不收文集（钟泰《续拟目》及《日录》见于上海古籍出版社 2021 年版《钟泰著作集》第 5，第 2 册）。

　　加之诸儒文集、全集如今多已有整理本出版，现在重新出版这套书，当淡化保存典籍资料之意，更为突出"工夫"之旨，故而本丛书仅取专书，并在确定书目上颇费斟酌：首先在复性书院已刻和拟刻书目中选取专书，又从正、续《拟目》所列文集中抽出重要的语录或专著，并参考马一浮《复性书院讲录》中所列必读书目，综合去取整

---

　　① 其中宗师大家则另出全集，而不列入"儒林典要"。马先生在《拟目》中说：周、二程、张、朱诸家全集"拟合为宋五子书别出，象山、阳明全集亦拟别出，以此七家并为巨子。其中以朱子书卷帙尤多，俱应用铅字摆板印行，不列入'典要'目中"。钟先生《续拟目》中多收明儒文集，或另有保存典籍的意思。

理而成，名之为"新编儒林典要"，以示继承先贤遗志之意。

如前所说，丛书"导读"的首要任务是引导读者回到工夫本身，兼以自身实践经验加以解说以供参考。为此，与每一位参加导读工作的师友"约法三章"：

一、除了作者经历、学问渊源和成书背景等内容之外，适当介绍圣贤气象，使读者兴起向往之心和亲切之感。

二、紧紧围绕实践工夫，从实地用功的角度提示具体的路径、方法。必要的话阐释基本义理，但也是为了说明工夫的原理，不能脱离工夫谈义理。

三、语言上须"去学术化"，不要写成"论文体"，尽量用日常语言，辅以通俗易懂的传统话语，不用或尽可能少用现代学术术语。

导读是重中之重，人选亦难乎其难，每书尽量做到导读与原典对应，在大旨无违的前提下尊重导读者各自的立场和风格。"君子和而不同"，导读者既为各自独立的修学者，经历、师承不同，其志趣、路径亦有差别；"弱水三千，各取一瓢饮"，导读者以自家眼光读解，读者各取所需可也。因笔者眼界所限，导读者队伍仍显单薄，随着丛书陆续出版，期待有缘者不断加入。因各书情况多有差异，丛书体例虽大致统一，亦不强求一律，总以符合读者需求、整理方便为量。

以上记其本末，不觉缕缕。世间事物的成立，不出感应之理，不外乎因缘二字；有一内在的起因，亦须有众缘和合。众缘的具备固自有其时节，不可勉强；所谓发心，本身亦有其感应因缘在，其理无穷。忽忽十数载，书终于面世，感喟何如！此后其与读者之因缘感应，亦无穷也，留待诸君各自品味。

刘海滨

2022 年 11 月 21 日，于海上毋画斋

导　读

张卫红

一、王龙溪生平

王畿（1498—1583），字汝中，号龙溪，浙江山阴人。王龙溪资质过人，辩才无碍，为王阳明弟子中极其少有的高才。龙溪于嘉靖二年（1523）从学阳明，次年通过短暂的静坐悟得良知心体，此后与钱绪山（德洪）一同协助阳明教授来学。嘉靖六年（1527），阳明起征思恩、田州前，在天泉桥上与王龙溪、钱绪山论学，龙溪就阳明"四句教"发表了著名的"四无说"："体用显微只是一机，心意知物只是一事，若悟得心是无善无恶之心，意即是无善无恶之意，知即是无善无恶之知，物即是无善无恶之物。盖无心之心则藏密，无意之意则应圆，无知之知则体寂，无物之物则用神。天命之性，粹然至善，神感神应，其机自不容已，无善可名。恶固本无，善亦不可得而有也。是谓无善无恶。"此说得到阳明首肯："四无之说，为上根人立教。"（王畿《天泉证道纪》）同年十月阳明途经南昌时，向江右门人透露其学究竟之旨已被王龙溪拈出，众人可从之问学。故王龙溪被王门弟子公认为"得师门晚年宗说"者。

在明嘉靖朝王学被禁、政治生态恶劣的时局下，王龙溪的政治生涯很短暂。他于嘉靖十一年（1532）中进士，历官南京兵部职方司主事、职方司郎中等职。期间以病乞归，在各地参与王学讲会，实际为官的时间很短。嘉靖二十年（1541），王龙溪因忤内阁首辅夏言，被夏言上疏斥为"伪学"，次年遭罢黜，从此"林下四十余年，无日不讲学"（《明儒学案》卷十二《王龙溪传》）。他的讲学范围遍及浙江、江苏、江西、安徽、湖南、湖北、福建一带，八十多岁仍不废出游，于王学传播贡献甚大。他的"四无说""见在良知说"等发挥了阳明学的高明一路，中晚明围绕阳明学的诸多辩论也均与他的学说直接相关。同时，因多数王门后学不善体会，也导致了认欲为理、猖狂恣肆等学术流弊。故黄宗羲在《明儒学案》中云："文成之后不能无龙溪……先生疏河导源，于文成之学固多所发明也"，"阳明先生之学，有泰州、龙溪而风行天下，亦因泰州、龙溪而渐失其传"。黄氏之说虽因不能相应龙溪之学而带有贬义，却也道出了龙溪对阳明之学的发挥及其在中晚明"学界"的重要影响。可以说，无论就思想内涵还是讲学活动的影响，王龙溪都是阳明学的中心人物，是我们了解阳明学在中晚明开展的一个重要参照系。

二、见在良知说要义

阳明学以真实体悟良知本体为根本宗旨，认为良知本体是吾人先天本有。但在现实生活中，吾人的良知本体被自身的欲根、习心（习气）所遮蔽，呈现为善恶意识的对立与混杂，良知不能时时成为吾人生命的主宰，所以心性修养工夫就在于不断地去除私欲与习心，恢复良知本体。这是一个转化意识的过程，将经验层二元对立、分别的经验意识不断纯化，最终回归超越层的原初本体，即无善无恶的心之本体。但阳明去世后，王学分化，后学各依自身的经验，采取的致良知工夫路径不同，学问主张也因之有别。其中，王龙溪主张见在良知说，这是他全部学问的核心。龙溪说：

> 先师提出良知二字，正指见在而言。见在良知，与圣人未尝不同，所不同者，能致与不能致耳。且如昭昭之天与广大之天，原无差别，但限于所见，故有小大之殊。（《与狮泉刘子问答》）

见在良知说的基本含义是：良知在吾人生活中可以当下呈现（见在），普通人当下呈现的良知与圣人的良知未尝不同，如昭昭之天与广大之天原本并无差别。这是龙溪最具原创性也是中晚明王学开展中争议最大的议题之一。反对者如江右王门学者聂双江、罗念庵等，认为吾人当下呈现的良知并不具足圆满，只是良知善端的呈现而非良知本体，普通人和圣人的良知是有区别的，必须"从见在寻源头"（罗洪先《甲寅夏游记》），不可仅凭见在良知为足。龙溪则认为，虽然普通人的良知被私欲遮蔽，但因良知的觉悟能力是每个人先天本有的，只要"一念自反，即得本心"（《致知议辨》），所以良知作为道德实践的根源性动力，吾人心中所呈现的良知与圣人的良知一样，其实践动力都是当下具足、完全充分的。见在良知的实践精义在于以充足的实践动力将意念时时把持在良知心体上，也即龙溪所谓的"念念致其良知"（《念堂说》）、"时时保守此一念"（《桐川会约》），如此，私欲自然化除，如同太阳一出而阴云自然被驱散消除，这是"端本澄源之学，孔门之精蕴也（《书同心册后语》）"。这其中包含如下几个工夫环节：

（一）信得及良知

"信得及良知"包含两层意思：首先是良知作为存在本体与道德本心这样真与善的统一体，具有终极性的信仰意义。虽然吾人可能由于习心、欲根的染污而昏蔽之极，然而吾人坚信在本体层面良知人人本具、本无污坏，这种自我肯信与认同正是吾人致良知实践的基本根据。其次，也是更主要的，自我认同同时指向"依良知而行"，良知发用的实践动力当下具足，不必外求。龙溪说：

> 良知是斩关定命真本子，若果信得及时，当下具足，无剩无欠，更无磨灭，人人可为尧舜。(《答吴悟斋（二）》)

> 若信得及时，全体精神收摄来，只在此一处用，针针见血，丝丝入理，神感神应，机常在我。如驭之有辔衔，射之有彀率，如舟之有舵，一提便省。一切嗜好，自然夹带不上；一切意见，自然挽搭不入。(《与唐荆川（二）》)

> 于此信得及、悟得彻，直上直下，不起诸妄。(《直说示周子顺之》)

龙溪以"斩关定命真本子"形容良知，是将良知提升至性命极则的高度，则"信得及"带动起大雄猛气象和念念纯一无杂的定力，当下冲出欲根、意气、知解的遮蔽，全体精神收摄于超越层之良知心体，便如驭之有辔衔、射之有彀率、舟之有舵般地获得道德主宰力，不必在理欲夹杂的经验层面做枝枝节节的对治。故龙溪与人论学时，常言及"诸君果信得良知及时"（《闻讲书院会语》），又将学不得力的原因归为"信心不及"：

> 吾人学问，未能一了百当，只是信心不及，终日意象纷纷，头出头没，有何了期？（《三山丽泽录》）

> 若不信得这些子，只在二见上凑泊支持：下苦工时，便是有安排；讨见成时，便成无忌惮，未免堕落两边。其为未得应手，则一而已。（《答赵尚莘》）

"信不及良知"意味着缺乏充足的道德实践动力，无法从"意象纷纷，头出头没"的经验意识湍流中超脱出来，也就无法超越二元对待的经验认知模式，从而要么执着于强力刻意的安排把捉，要么沉沦于大撒把式的肆无忌惮，总是堕入二元对待之见，工夫未能"应手"。

这一道德行动力所达至的深度与纯度，固然为一般人难以企及；其自我肯信、自我圆成的体认维度，固然难以契会，但在龙溪看来，顿悟良知的大门并非就此为中下根器的学者关闭，因为"道力业力，本无定在，相胜之机，存乎一念，觉与不觉耳"（《答李渐庵》）。其出脱之机，还是在于能否由当下一念提起自信本心的觉性。待功行渐熟，私欲微动即能察觉，工夫便能有所得力。说到底，致良知的工夫须不断地以"信得及"之力来提撕、觉醒良知，这也是王门学者的共识，只不过龙溪将其发挥到了极致。当龙溪自豪地说"师门致良知三字，人孰不闻，唯我信得及"（《遗言付应斌应吉儿》）时，实是理解与证悟相统一的悟后之语。

（二）当下

"信得及"连带着当下一念自反的功夫要求，那么何谓当下？

首先，当下意味着不在后天欲根习气所支配的经验意识中纠缠牵绕，也不在后天的经验意识（善恶意念）中做为善去恶的对治工夫，而是直透心源，立根于超越善恶对待的先天心体。

其次，当下立根意味着不采取静坐闭关的工夫，而是心体当下安立于日用常行中。当王门同道王遵岩请教是否需要屏息外界干扰、由闭关静坐来集中精力涵养心体时，龙溪答：

> 吾人未尝废静坐，若必借此为了手法，未免等待。圣人之学，主于经世，原与世界不相离。古者教人，只言藏修游息，未尝专说闭关静坐。若日用应感，时时收摄，精神和畅充周，不动于欲，便与静坐一般。况欲根潜藏，非对境则不易发，如金体被铜铅混杂，非遇烈火则不易销。若以见在应感非究竟法，必待闭关静坐始为了手，不惟差却见在工夫，既已养成无欲之体，未免喜静厌动，与世间已无交涉，如何复经得世？（《三山丽泽录》）

静坐可以不废，但非究竟工夫，而且静坐可能导致欲根潜藏、喜静厌动之弊，不合儒学的经世宗旨。因此，当下之功即是在尘劳烦恼日用中时时安立于良知心体，不动于欲，这是更高层面的"静功"。当然，龙溪也认为，当下识得心体非上根之人不能。对于一般根器而言，大都在"挨门就日，挨来挨去"的渐修中磨砺，假以时日，待工夫渐熟，

"忽然得个着落便是小歇脚，从此脱化，自有触处逢源时在"（《留都会纪》），此时能不为欲根所扰，以良知为主宰，便是有个着落，以此为据点，才能于日用常行中自如。

（三）一念入微

当下立根于心体的工夫从何入手？即"一念入微"，这是龙溪晚年多次提揭的工夫要旨：

> 不起于意，不动于欲，不作盖藏，一念灵明，便是入圣真种子，便是做人真面目。时时保守此一念，便是缉熙真脉路，无待于外求也。（《桐川会约》）

> 若果信得良知及时，不论在此在彼，在好在病，在顺在逆，只从一念灵明自作主宰，自去自来，不从境上生心，时时彻头彻尾，便是无包裹；从一念生生不息直达流行，常见天则，便是真为性命；从一念真机绵密凝聚，不以习染、情识参次其间，便是混沌立根。良知本无起灭，一念万年，恒久而不已。（《答周居安》）

此"一念"不在后天的欲根习气、知解意识中纠缠，不落入后天是非善恶相对待的分别意识，而是从超越层的良知心体立根，是良知心体将动之初的端倪、萌芽，也即《周易》"几者，动之微"的几微。故一念者，从其为心体发动之初而言谓之"一念之微""最初一念"，从其不落对待之境而言谓之"一念独知"，从其发自"精融灵洞，纤翳悉除，万象昭察"（《答季彭山龙镜书》）的心体而言谓之"一念灵明"，从其具有生生不息的动力而言谓之"一念真机"，从其本无起灭、具有超时空的恒久性而言谓之"一念万年"、"一念灵明，洞彻千古"（《与萧来凤》），以上诸种称谓乃是依不同的语境而形成对"一念"之性质、样态、功能等的不同描述。

　　"一念入微"的工夫如何做？包括一体两面之功：一是保任心体，"绵密凝聚""时时保守此一念"；一是扫荡习心，"只在一念独知处默默改过，彻底扫荡，彻底超脱"（《答季彭山龙镜书》）。就保守此一念而言，龙溪认为，生活在理欲夹杂的形下经验层，吾人日常行为的作用因素中，既具有良知的主宰作用即"道力"，又有欲根习心的支配力量即"业力"。道力与业力孰大孰小本无固定，只在行为当下之一念是否能够提起良知的觉性。若具有"真信得及良知"的强大信念，必会生发强大的道德主宰力（道力）。当下念念不离心体，绵密凝聚，打成一片，便不为欲心杂念所干扰，即是"此念绵密，道力胜于业力，习气自无从而入，杂念自无从而生"（《答李渐庵（一）》）。不过，吾人毕竟欲根习心未尽，心念难免有偏离心体之时，此时的一念之功要求做扫荡习心的工夫，所谓"才动即觉，才觉即化"，即习心欲念稍有萌动、偏离良知心体时，即能当下察觉（才动即觉），使得萌芽状态的习心欲念消归于良知心体（才觉即化）。如是于一念之微的当下，观照与改过同时进行，知行一体，始终不偏离良知本体。

（四）一念所臻境界

见在良知的内涵不止于工夫要求，还延伸到工夫所达至的境界。龙溪说：

> 一念者，无念也，即念而离念也。故君子之学，以无念为宗。然此非见解所能臆测、气

魄所能承当，须时时从一念入微归根反证，不作些子漏泄。动静二境，了然不生。有事时主宰常寂，自不至逐物；无事时主宰惺惺，自不至着空……譬之悬镜空中，万象毕照，而无一物能为障碍……此中人以上境界，非一蹴所能至，舍此亦无别路。（《趋庭谩语付应斌儿》）

此一念为心体所发，已非主客对立、动静对待的后天分别意识，故云“一念者，无念也”。然其又不是空寂枯槁，而是“即念而离念”，有无、动静一体：有事时安住于寂静本体而不为外境所转，无事时常提觉照而不至于空寂枯槁，如同明镜一般，镜面寂然不动的同时又能朗照万象。“善学者能于一念入微求之，得其所谓虚明寂照一体之机。”（《易与天地准一章大旨》）“机（几）”“微”是难以言说的、具有神妙意谓的字眼，龙溪以此形容言语道断的心体境界。勉强而说，盖欲达至寂照一体的中和境界，则以心体端倪处的精微把握为其机要，此为究竟工夫，非常人所能行之，故龙溪云此为中人以上境界。龙溪晚年曾对自身境界描述道：“当下一念，凝然洒然，无起无不起。时时觌面相呈，时时全体放下。一切称机逆顺，不入于心，所以终日交承，虽冗而不觉劳；终日论说，虽费而不觉扰。直心以动，自见天则。迹虽混于尘世，心若超于太古。"（《万履庵谩语》）这是龙溪一念所臻熟化境界的写照，也是他以自身践履对见在良知说的实际印证。

综上所述，见在良知说的工夫重点在于，自信吾人日常当下的一念善端与良知全体的实践动力一样当下具足，由信得及良知、至深至纯的强大信力而带动起雄猛的道德主宰力，于日用常行的当下彻底扫荡经验层面欲根习心、知解意识的束缚，化除一切对待，将全副精神专注、把持于心体将动之几微，"时时保守此一念"，此为"端本澄源第一义"之功。就其工夫着力点最贴近心体、工夫路径最为直截而言，云"至易至简"；就其安住于超越之心体而不落入后天主客对待的分别意识而言，云"无工夫中真工夫"（《与存斋徐子问答》）、"无修证中真修证"（《答吴悟斋》）；就其行事气象而言，则是"须于咽喉下刀，方是能了性命"（罗洪先《冬游记》）、"到此方是大豪杰作用"（《留都会纪》）；就其切己之力度而言，则是"针针见血"

"拼得性命"（罗洪先《冬游记》），此是"千古圣学真血脉路"。

综上所述，龙溪之学似易而实难。以笔者的体会而言，见在工夫的最难之处有两点：一是"信得及良知"不只是知性意义的"我相信良知"之价值观，而是深心净信，当下将良知内化为生命的时时自觉（知行合一），方能以道力冲破欲根习心，使良知时时做主；二是"一念入微"不是在普通的善恶意识活动中做为善去恶的工夫，而是以深心净信的道力在本体上自然发用，并能贞定在这种状态，这尤其不易。因此见在良知工夫本身即包含有当下、时时安立于良知心体的顿悟顿修工夫在内，此即是"当下具足"。上述两个工夫难点，虽然对于"大修行人""上根之器"更容易契入，但一般学子如能提起"信得及良知"之至诚心与觉性，时时绵密凝聚，保持良知发用的充足动力，假以时日，自有龙溪所谓"触处逢源"之可能，此正是由渐悟而顿修、由钝根转为利根的突破点。双江、念庵等人在实践中不能做到见在良知实践动力的当下具足，正是与龙溪分歧的起点。此亦造成当时及后世学者对见在良知说形成误解的两种情形：一是见在良知难度之大，不能契合于一般学者，故起而反对之，并另辟工夫途径。如罗念庵即是在直任见在良知数年未果的情形下转而认同双江"归寂说"，最终以"收摄保聚"渐修进路为宗旨。二是学者往往只从见在良知外在的"不学不虑""洒脱"等形式上理解之，以情识、知觉冒认之，导致"情炽而肆"，理欲混淆，此即王学末流的情形，也是晚明刘蕺山、黄宗羲等对龙溪、泰州之学严加批评的原因。而见在良知的精义以及极高的工夫要求和内在严格，则往往为无论是批评者还是冒用者所忽略和误解。

三、《龙溪会语》简介

《龙溪会语》六卷是王龙溪的主要著作之一，明万历四年（1576）由王龙溪门人贡安国编、查铎刻。这是现存最早的王龙溪文选的刻本，也是目前所见王龙溪在世时唯一刊刻的著作文本。该本与现存最早的王龙溪文集刻本，即明万历十六年（1588）萧良榦刻印《龙溪王先生全集》二十卷本（简称《全集》本）相比较，其特点是：

一、《会语》收录了王龙溪的部分讲学语录、文章、书信共二十一篇，文章体裁未加分类，后分别收入《全集》本"语录""杂著""书"之部分。

二、《会语》的部分标题与《全集》本有异，如《会语》之"斗山留别诸同志漫语"在《全集》本中题名"斗山会语"。

三、《会语》的叙述方式均为"予曰""龙溪曰"的第一人称，显然为其自撰；《全集》本的叙述方式则为"先生曰"的第三人称，乃出自后人的编辑。

四、《会语》收录有《全集》本及其他后刻王龙溪文集所未录的序跋五篇：贡安国撰《龙溪先生会语序》、查铎撰《龙溪先生会语后序》、商廷试撰《自讼帖题辞》、张元益撰《龙溪先生自讼帖后序》、王锴撰《（白云山房）答问记略跋》。

五、《会语》收录有《全集》本及其他后刻王龙溪文集所未录的王龙溪佚文约八十余条，一万七千余字，包括两部分内容：一是《会语》各篇往往详细介绍了写作背景、论学时间、地点，《全集》本则简缩了写作背景，作文之时间、地点亦略去；二是收录有《全集》本及其他后刻本所未录的论学内容。加上《全集》本所未录的序跋五篇，《会语》共有《全集》本及其他后刻王龙溪文集未录者二万余字。

六、《会语》部分篇章的条目收入《全集》本时被重新编辑，有的经扩充、修改而列为《全集》本的单独篇章，有的则被编入《全集》本的另外篇章当中，《会语》不同篇章重复的内容，《全集》本则予以删除。

综上所述，《会语》刊行最早，保留了王龙溪文章的原始风貌；部分内容虽收入《全集》，但文字有异，《会语》自有其特色；《会语》中保留的佚文，为我们了解王龙溪思想提供了宝贵的资料。

现存《龙溪会语》版本有两种：一是明万历四年查铎刻本的善本书，最早由韩国阳明学江华学派的开创者郑齐斗（1649—1736）及其子郑厚一收藏，再后由日本研究满鲜史的专家稻页岩吉（1876—1940）于1932年在韩国获得，后将此书携往长春，流入中国。今藏于北京大学图书馆善本室。二是稻页岩吉获得此善本后在韩国刊行的影印本，现由日本京都大学人文科学研究所图书馆藏。本书以北京大学图书馆所藏《龙溪会语》善本作为底本，以《全集》本为校本。底本中明显的版刻错误，径改不出校；底本有错字、衍字、脱文，校本不误者，改正并出校记。底本与校本有异文者，除非涉及重要内容或易造成理解偏差，一般不出校。①

最后需要说明的是，《龙溪会语》有多条语录涉及王龙溪对佛道二教的评价，有其时代原因，在此简要谈谈笔者的看法。简言之，龙溪对于儒释道三家之学的基本界定和王阳明一样，主张以儒家为本位的三教一源论，所谓"良知者，千圣之绝学，范围三教之宗"（《三山丽泽录》）。明代儒家学者对佛道二教的批评主要在于，其虽证悟形上本体，然陷入虚寂，不达人伦日用。究实而论，这一看法可从理事两面析之。在理论方面，儒学与佛道二教既有分歧又有交集。就分歧而言，三家因心性体认的层面与认识趣向不同，故各自所依的本体有别，导致三家在世界观及存有论上具有根本性分际。大

① 本文关于《龙溪会语》的特点和价值介绍，参考了彭国翔《明刊〈龙溪会语〉及王龙溪文集佚文——王龙溪文集明刊本略考》一文（载《良知学的展开》（增订版），北京：生活·读书·新知三联书店，2015 年）。本文的校点参考了吴震先生编校整理的《王畿集》之附录二《龙溪会语》（南京：凤凰出版社，2007 年），一并致谢。

乘佛教以缘起性空、因果轮回为立说基础，小至一身、大至世界都是因缘假合、有无相即的幻有，主张证悟空性、摆脱轮回。道家洞见世间万象的无常与相对性，主张捐弃万象，回归虚无本体。阳明学虽在认识论、境界论上认肯万物虚寂、无执之特性，但其世界观仍以认肯世间万物的实存性为基本前提，以万物一体、济世利民为宗旨。故从儒家的角度看，自不能与佛道二教的出世宗旨相应，这是三家的本体论与世界观不同所决定的。就交集而言，三家在工夫论、心识结构上都须向心识纵深处溯源，在逆觉体证、去除欲根习心、超越意识的二元对待的用功方向上具有一致性；在境界论上三家也有相似之处，本体不假经验意识之分别执着，当下圆成，自由活泼。故吾人看到宋明理学借鉴佛道二教无的智慧为己所用的同时，也不应以三家工夫论与境界论的形式相似而忽略其本体论上的差异。在现实背景方面，柳存仁先生认为阳明辟佛道二教的原因，一则是捍卫儒家道统的需要，"因陆、王一派之心学实从禅来，欲加辩解"；"一则北宋以来学者排斥二氏者之立场本即如是，渍之以渐，亦可以积非成是；一则明代之道士与缁流多数未能真正

实行大乘之要求，而道教与西番僧之荒谬活动甚且
影响实际政治，阳明之如此排斥异端，固亦有其事
实上之理由耳"（《王阳明与佛道二教》）。以上简
述阳明学三教观的背后有其义理及时代背景等多重
因素，读者不可不知。

　　在古典时代，儒释道三家之学没有完成真正有
效的对话与比较，积非成是者由来已久。在当今多
元文明对话共生的时代背景下，客观公允的学术比
较与对话不仅有着延续各自传统的理论意义，更有
中华传统修身智慧在现代社会发扬更新的现实价
值。宗教学的创始人麦克斯·缪勒（F. M. Müller）
有句名言："只了解一种宗教的人，其实什么宗教
也不了解。"（《宗教的起源与发展》）从他者看自
身，正合于人性固有的反省精神，有助于吾人在寻
找真己的精神之旅中，永远保持不断反省并修正自
我的开放心态。

龙溪先生会语序

　　予年暮矣，衰病侵寻，怀求友四方之志，力不逮矣。斋居默省，壮年志学，垂老无闻，谓何？笥中蓄龙溪老师《会语》，盈十余帙，时捧一二，焚香敛衽，阅一过，辄助发多多。近得查子警甫同心商究学脉，所尊信此帙意同。但嫌散漫无纪，因共谋哀录，编为成书。

　　谨按先生之学，刊繁揭要，探本逢源，窥天人统宗之奥，握阴阳阖辟之机。种种不离伦物，而伦物一切生于虚明之中。故予尝信先生之学真入圣梯航也。点掇心源，穷极微眇，拈来机窍，直凑天根，有发《易》《庸》所未发者，宋儒以来未之或逮矣。不冥会之，孰从而臆及之乎？至于辨二氏之似是，总百家之委流，入其精髓，析之毫厘，则有功圣门多矣。先生志意凌厉，识度宏深，有尚友千古之气，不屑屑世人称讥，一洗乡愿陋习。迹其用，常有独往独来、不求人知而求天知者。平生所在憎多口，既功从师证，德由悟入，亦独信所诣，恢恢如也。夫气质未融，不妨其有未融也；查滓未净，不妨其有未净也。顾其学可以考往圣而俟百世焉尔。夫子曰："知及之，仁能守之。不庄以莅之，则民不敬。动之不以礼，未善也。"夫"知及之"，知止也；"仁守之"，缉熙其止也。特德未盛耳。更深造之，益酝酿之，则充实光辉，动容周旋而中礼矣。先生于此必有不自满假之心，非予小子能测其微也。先生晚年，气愈敛，神愈藏，混于尘世，不见与愚夫愚妇有异，熙熙穆穆，如抱赤子之心。夫人能自信其心，始信先生之心也。与昔《大雅》之称文王无歆羡、无畔援，泯识知，穆然缉熙敬止，与帝则周旋，故后人颂之曰："维天之命，于穆不已。于乎不显，文王之德之纯。"盖圣人之心，语其微，天之命也；指其显，帝之则也。吾人之学，尽性至命，其的矣。文王我师也，先生岂欺予哉！

今年季夏，子警甫将赴官河东，念离索无助，将挟是编以行。夫子警甫尝有志于道。夫苟志于道，其于是编也，必有心领神会而师承之矣。千里同堂，是编其罄欤矣乎！

万历三年岁在乙亥季夏初吉，门人贡安国顿首书于宛陵精舍。

龙溪先生会语后序

余往闻先生之教，每以不得久处门墙为憾。自河东归，即图卒业。因循牵制者，忽忽又二三年。乙亥春，始得与俞允升、翟平甫、萧以宁三兄由武林吊绪山先生，因谒门下为久处计。先生复先期有云间之行，无由得一面证。未几，而河东之命下矣。后会难期，归途怅怅。抵宛陵，遂谋诸吾师贡先生，得《语录》数帖以行。庶仪刑虽远，馨欬犹存，亦可为师资之助也。

沿途细玩，见其于先天混沌之妙、乾坤阖辟之机、千圣心传之要、二氏似是之非，莫不漏泄其蕴奥，剖析其几微，真有发前贤之所未发者。至于周流四方，日以求友为事，所至发挥性灵则透入心髓，指点病痛则直中膏肓，凡上而公卿大夫，下而乡耆士庶，承其颜色，听其议论，莫不各有所兴起。其与人为善之心，虽老而不倦。余窃以为先生之学，圣学也。自昔文成公倡道东南，聪明睿智，直达天德，学者云从风附，多诣道妙。然其为教，亦随缘设法、因人而施耳。至其上达之妙，不落言诠，亦有可悟而不可传者。乃先生以上乘之资，独得不传之妙，故其学以万物为体，以混沌为根，不离一切伦物之间，而一切伦物卒不能为此心之碍。文成公致知格物之蕴，已深造而自得之矣。迨其晚年，其养愈纯，其精愈藏，盖已能所俱泯，顺逆两忘，熙熙穆穆，超乎生死之外者矣。乃世之学者或以形迹之间疑之，不知贤者所为与乡党自爱者原自殊科，先生固已言之矣。间以此录示诸同事诸公，读之莫不跃然，且有津津知所兴起。以是知良知在人，真有不谋而合者。

闻喜王君尤爱而传之，因托梓之，俾与同事者共焉。先生之《会语》甚多，此其十之二三耳。夫先生之精神，非言语所能传也。然不得见先生，得见余言而有所兴起，则是录也，未必非同志之一助也。因僭言于简末。

　　时万历四年岁在丙子仲夏初吉，门人查铎书于汾州公署。

龙溪会语卷之一

水西会约题词

嘉靖己酉夏，余既赴水西之会，浃旬，将告归，复量诸友地里远近，月订小会，图有终也。先是戊申春仲，余因江右诸君子期，之青原，道经于泾。诸友闻余至，相与扳聚，信宿而别，汎汎若有所兴起。诸君惧其久而或变，复相与图会于水西，岁以春秋为期，蕲余与绪山子迭至，以求相观之益。余时心许之。今年春，六邑之士如期议会。先期，遣使戒途，劝为之驾。余既心许之，不克违。孟夏之望，发自钱塘，由齐云历紫阳，以达于水

西，则多士彬彬候余已逾旬月，其志可谓专矣。诸
友不以余为不肖，谬欲以北面之礼相加。夫千里求
益，固余本心，而登坛说法，实非所敢当。若曰将
以表诸友之信心，则是诸友之事，非余之咎也。是
会合宛及旁郡闻风而至者凡二百三十人有奇。少长
以次，晨夕会于法堂，究订旧学，共证新功，汹汹
益有所兴起。邑大夫东岑君，余同志也，以时来督
教。邑之乡先生及穷谷之耆旧，乐其事之希有，咸
翩翩然辱临而观之，可谓一时之盛矣。诸友惧兹会
之不能久也，乞余一言，以志心期。

夫道有本原，学有要领，而功有次第，真假毫
厘之几，不可以不辨也。余与诸君旬日相会，此等
处言之已详矣，未识诸君果能相信得及否？水渐木
升，积累之次第，固非一蹴所能至，由萌蘖之生以
达于千寻，由源泉混混以放于四海，其本末源委、
长养流行之机，实非有二物也。今日良知之说，人
孰不闻？然能实致其知者有几？此中无玄妙可说，
无奇特可尚，须将种种向外精神打并归一，从一念
独知处朴实理会，自省自讼，时时见得有过可改，
彻底扫荡，以收廓清之效，方是入微工夫。若从气
魄上支持、知解上凑泊、格套上倚傍，傲然以为道

在是矣，虽与世之营营役役、纷华势利者稍有不同，其为未得本原、无补性命，则一而已。所望诸君不以余之去来为聚散，每会如所订期，苟非大故不得已，必须破冗一来，相摩相荡，相劝相规，为性命之心重一分，为势利之心自然轻一分。譬之鱼之于水，相濡以沫，相煦以吻，终不若相忘于江湖之为愈也。且今日之会，非有法制可以防闲，惟借区区道义为之联属，二三百人之中，岂能人人尽发真志、尽有信心？亦借中间十数诸友旧有所闻者，虚心乐取，招徕翕聚，以为之倡耳。一人倡之，十人从而和之，已而和之者益众，虽欲此会之不兴，不可得也。苟为性命之心不切，不能包荒隐恶、长育成就，以全吾同体之爱，徒欲以胜心相高，甚至忿争讦戾、动气奋颜，而犹傲然以为知学，圮族败群，莫此为甚，虽欲此会之不废，不可得也。吾人立身行己，自有法度，既为此学，一切凡情俗态良知有未安处，便须破除斩截，不可假借通融之见放令出路。石翁有云："名节者，卫道之藩篱。藩篱不固，其中鲜有存者。"语若分析，自今视之，未必非对病之药，亦图终之一助也。诸君念之戒之！

己酉夏五月下浣书于水西风光轩中。

冲玄会纪

慨惟先师设教，时时提揭良知为宗，而因人根器，随方开示，令其悟入，惟不失其宗而已。一时及门之人，各以质之所近领受承接，人人自以为有得。乃者仪刑既远，微言日湮，吾党又复离群而索居，未免各执其方，从悟证学，不能圆融洞彻，归于大同。譬之鼎彝钟鼐，器非不美，非得大冶陶镕，积以岁月，终滞于器，不能相通，间复有跃冶而出者矣。不肖深愧弗类，图惟合并。窃念浙为首善之地，江右为过化之区，讲学之风，于斯为盛。戊申之夏，既赴冲玄之会。秋仲，念庵诸君送余南还，相与涉鹅湖之境，陟象山之墟，慨流光之易迈，叹嘉会之难数。乘间入龙虎山，得冲玄精庐，乃定为每岁江浙大会之约，书壁示期。今兹仲秋，复偕绪山钱子携两浙、徽、宣诸友如期来赴。东郭丈暨卓峰、瑶湖、明水、觉山、少初、咸斋诸兄先后继至，合凡七十余人。辰酉群聚于上清东馆，相与绅绎旧闻，商订新得，显证密语，合异为同。闻者欣欣，咸有所发。顾余不肖，亦与有闻，自庆此会之不偶也。粤自朱陆之后，仅有此风，聚散不常，复成离索，窃有忧焉。爰述相与绅订之旨与诸友答问之词，约为数条，以识赠处，并俟他日相证之义云。

先师提掇良知二字，乃是千圣秘密藏，虞廷所谓"道心之微"。一念灵明，无内外，无寂感。吾人只是不昧此一念灵明，便是致知；随时随物不昧此一念灵明，便是格物。良知是虚，格物是实，虚实相生，天则乃见。或以良知未尽妙义，于良知上搀入无知意见，便是佛氏之学。或以良知不足以尽天下之变，必加见闻知识补益而助发之，便是世儒之学。

吾人今日致知功夫不得力，第一意见为害最重。意见是良知之贼，卜度成悟，明体宛然，便认以为实际。不知本来灵觉生机封闭愈密，不得出头。若信得良知及时，意即是良知之流行，见即是良知之照察，彻内彻外，原无壅滞，原无帮补，所谓丹府一粒，点铁成金。若认意见以为良知，便是认贼作子。此是学术毫厘之辨，不可以不察也。

自先师提出本体工夫，人人皆能谈本体、说工夫，其实本体、工夫须有辨。自圣人分上说，只此知便是本体，便是工夫，便是致。自学者分上说，须用致知的工夫以复其本体，博学、审问、慎思、明辨、笃行五者废其一，非致也。世之议者或以致良知为落空，其亦未之思耳。

吾人讲学，切忌帮补凑合。大抵圣贤立教，言人人殊，而其宗旨所在，一言便了，但得一路而进，皆可以入道。只如《大学》格致等说，本自完足无欠，必待补个"敬"字以为格致之本，便是赘说；必待提个"志"字以致其知，便是亿见。不知说个诚意，已是主一，已是敬了，格致是做诚意的工夫，非二事也。古人说个"欲明明德于天下"，便是最初大志愿，一切格致诚正工夫，不过了得此志愿而已，何等简径直截！才落补凑，便成葛藤，无有了期。

先师尝谓人曰："戒慎恐惧是本体，不睹不闻是工夫。"戒慎恐惧若非本体，于本体上便生障碍；不睹不闻若非工夫，于一切处尽成支离。盖工夫不离本体，本体即是工夫，非有二也。

今人讲学，以神理为极精，开口便说性说命；

以日用饮食、声色货财为极粗，人面前便不肯出口。不知讲解得性命到入微处，一种意见终日盘桓其中，只是口说，纵令宛转归己，亦只是比拟卜度，与本来性命生机了无相干，终成俗学。若能于日用货色上料理经纶，时时以天则应之，超脱得净，如明珠混泥沙而不污，乃见定力。极精的是极粗的学问①，极粗的是极精的学问，精精粗粗，其机甚微，非真实用工之人，不易辨也。

吾人今日讲学未免说话太多，亦是不得已。只因吾人许多习闻旧见缠绕，只得与剖析分疏。譬诸树木，被藤蔓牵缠，若非剪截解脱，本根生意终不条达。但恐吾人又在言语上承接过去，翻滋见解，为病更甚。须知默成而信，孔门惟颜子为善学。吾人既要学颜子，须识此病痛，斩除得净，不然只是滕口说，与本根生意原无交涉也。

朋友中有守一念灵明处认为戒惧工夫，才涉言语应接，所守工夫便觉散缓。此是分了内外。一念灵明，无内外，无方所；戒惧恐惧，亦无内外，无

① "极精的是极粗的学问"，原误作"极粗的是极精的学问"，今据《全集》本卷一《冲元会纪》改。

方所。识得本体原是变动不居，不可以为典要，虽终日变化云为，莫非本体之周流，自无此病矣。

吾人学问，自己从入处，便是感动人样子。从言语入者，感动人处至言语而止；从意想入者，感动人处至意想而止；从解悟入者，感动人处至解悟而止。若能离此数者，默默从生机而入，感动人处方是日新。以机触机，默相授受，方无止法。此颜子所以如愚而未见其止也。

大抵悟入与敦行工夫须有所辨。敦行者未必皆悟，未有悟而不敦于行者也。今人自以敦行为足而不求证悟，固未免于未闻道。若曰吾已得悟而不必务于敦行，则又几于无忌惮矣。不可不戒也。

吾人今日讲学，先要一切世情淡得下，此是吾人立定脚根第一义。《中庸》结末开口说个"淡"字，正是对病药方。淡原是心之本体，有何可厌？惟心体上淡得下，便无许多醴酽劳攘，便自明白，便能知几，可与入德，直入至无喜无怒、无声无臭。只是淡至极处，立心为己，便是达天德根基。若起头清脱不出，到底夹带包藏，只在世情上拣得一件好题目做，与孔门"暗然日章"家法奚翅千里！不肖盖尝折肱于是者，幸相与儆戒，用终远业，不以身谤师门，庶几无负于今日之会，亦千古一快也。

己酉仲秋日书于上清东馆。

斗山留别诸同志漫语

不肖慨惟离索之久，思求助于四方。乃者千里远涉，历钓台，登齐云，陟紫阳，止于斗山之精庐，得与新安同志诸君为数日之会，其意固不在于山水之间也。诸君不以余为不肖，相与辨析疑义，究订旧闻，相观相磨，情真而意恳，汹汹乎有不容已之机。参诸孟氏尚志之说、曾子格物之说、子思戒惧慎独之说，复证颜氏好学之说，宏纲大旨，节解丝纷，若合若离，亹亹绎绎，其说可谓详矣。至于求端用力之方，生身立命之原，则群居广坐之中固有所未暇及也。比因久雨，移馆城隅，诸君复移榻相就，连床晤语者更两日夜。探本要末，广引密证，其说又加详焉。诸君乃复各以用力之疏密、受病之浅深次第质言，以求归于一是之地。余不肖，何足知之？

夫学，一而已矣，而莫先于立志。惟其立志之不真，故所用之功未免于间断；用功之不密，故所受之病未免于牵缠。是未可以他求也。诸君果欲此志之真，亦未可以虚见袭之及以胜心求之，须从本源上彻底理会，将无始以来种种嗜好、种种贪着、种种奇特技能等凡心习态全体截斩令干净，从混沌中立定根基，自此生天生地生大业，方为本来生生真命脉耳。此志既真，然后工夫方有可商量处。譬之真阳受胎，而摄养保任之力自不容缓也；真种投地，而培灌芟锄之功自不容废也。昔颜子之好学，惟在于不迁怒、不贰过，此与后世守书册、资见闻全无交涉。惟其此志常定，故能不迁；此志常一，故能不二。是从混沌中直下承当，先师所谓"有未发之中，始能"者是也。颜子之学既明，则曾子、子思之说可类推矣。

夫颜子没而圣学亡。诸君欲学颜子，须知颜子之所学者何事。若舍身心性情而以胜心虚见觅之，甚至以技能嗜好累之，未见其善学也。商量至此，岂惟说之加详，将并其意思一时泄漏。诸君珍重珍重！虽然，此非悟后语，殆尝折肱于是者。自闻父师之教，妄志古人之学，于今几三十年，而业不加修，动衹于悔，岌岌乎仆而复兴，夫亦虚见嗜欲之为累耳。动忍以来，稍有所悟，自反自艾，切切求助，以收桑榆之功，其本心也。昔者秦越人，医之神者也。直药童子服勤既久，颇能传其方，间以语诸人，人服颇效。而此童子者，则固未之能也。余不肖，何以异于是？诸君重信其方，务加修服以去其病，而不以不肖之未能为疑，吾道幸矣！

　　明发戒行，留此为别。流光易迈，真志难立，习俗易染，至道难闻。所望此志时时相应，共进此道，直以千古豪杰自待，而无愧于紫阳之乡人，斯固千里耿耿之心期也。

南谯别言

　　相违二三年，兹来南谯，得与诸君相会聚。观诸君意味，堆堆未有所发，二三年间作何勾当？向来承领话头，作何行持？仆诚不肖，无足为诸君倡，然诸君亦未肯自爱，觌体相违，两成辜负，心窃怜之。间与诸君商及旧学，见诸君愤然内愧，惕然若复有所兴起，又知诸君之有意于不肖也。即此兴起，正是善端之萌，会须乘此端绪速与下手，弗令间断。

古人之学，全在缉熙，始能底于光明。若复堆堆度日，后来光景无多，聚散益未可期，却恐竟成辜负耳。吾人本来真性，久被世情嗜欲封闭埋没，不得出头。譬如金之在矿，质性混杂，同于顽石，若不从烈火中急烹猛炼，令其销镕超脱，断未有出矿时也。吾人学问，不离见在。诸君既业举子，只此举业，便是对境火坑①，种种得丧利害世情，尽向此中潜伏倚傍，本来真性反被凌轹晦蚀。古人云："入见夫子之道而悦，出见纷华富贵而悦。"此正诸君临炉交战时也。夫举业读书，是与千古圣贤上下论议，以求印证触发，原是乐事。乃被世情搀和牵缠，夺志劳神，翻成苦业，非是举业辜负人，人自辜负举业，良可慨也！此等处犹为粗迹，纵令脱去旧习，专心在册子上理会，只此读书一事，为

---

① "对"，原误作"见"，今据《全集》本卷十六《南谯别言》改。

义尤精，不可以不辨也。吾人读书，譬如吃饭，须令滋味消化，游液灌溉，方能益人。若徒务贪多，食而不化，久久积滞，翻成食痞，岂惟有乖摄养，将非徒无益而反害之，今日之弊亦居然可见矣。

仆以不肖之身，每劳四方同志动念。兹来同南玄丈相与及旬，晨夕观摩，自谓受益不浅。间有质言，丈亦不以为非。且自悔尚涉意气，未能彻底绵密，方图永事，以收桑榆之功，其所望于诸君相与求助之意，亦复不浅。夫真金只在顽石中，然指顽石为真金，何啻千里！真性离欲，始发光明；真金离矿，始见精采。诸君于此果能信得及，便须乘此悔愧之萌，及时修省，循粗逮精，缉熙弗懈，使真性时时发用流行，不复为世情之所蔽蚀，方为战胜者肥耳。然而学病虚言，喻惟从好，则不肖之与诸君煞宜努力，异时再见，无复堆堆，庶不竟成辜负也。

道山亭会语

嘉靖辛亥秋，太平周子顺之访予山中，因偕之西游，将历观东南诸胜，遇同志之区，则随缘结会，以尽切劘之益，其意固不在于山水之间也。过苏，值吾同年近沙方大夫开府吴中，闻予与顺之至，郡博吴仪舜氏集同志之友数十辈，会于道山亭下，延予二人往莅之。大夫行修才俊，志于圣贤之学有年，仪舜久从双江公游，盖同志也。夫吴中多豪杰，声华礼乐之盛，甲于东南。况双江、绪山、沃洲、及斋诸公有事兹土，贞教阐化，后先相闻，流风犹有存者。登坛设法，则予岂敢当？若曰群处质言，相与订旧学而觅新功，以就正于有道，则固不肖之本心也，其敢以辞？既如会，则章缝济济，衰然已满于户外矣。揖让升堂，取次列坐，默观显示，参互指陈，其大旨在于戒口耳而务身心、黜浮华而崇本实，而归之乎立志。辰而入，终酉而出，诸友听专气肃，神与偕来，汎汎乎若有所兴也。明日，复会于白莲山房，友人陆生应泽、严生星、黄生姬水、徐生调元辈以此会之不常，惧其既别而或离也，乃图为月会之约，而属言于予，以导其所志。

夫学之不讲，孔子以为忧。然后之讲学，有以口耳者，有以身心者，先哲盖尝言之矣。君子之学，以亲师取友为急，而其要以辨志为先。古今之言志者，大略有三，曰富贵、功名、道德。是虽老生之恒谈，然约古今人品高下而论之，要无出于此者，不可以不辨也。古之所谓道德者，若孔、颜、思、孟是也。所谓功名者，若侨、向、奚、蠡是也。所谓富贵者，若仪、秦、衍、泽之徒是也。斯三者，所志不同，而其所趋亦远矣。道德者，至诚经纶而无所倚，达乎天矣。功名则务为建立以其实心，取必于期会，而爵禄无以入其中。富贵则察知利害之形，役使天下之诸侯，有徒步而陟相位者，意气赫然，震掉一世，方且以大丈夫目之。要皆非苟然者也。世降学绝，士鲜克以豪杰自命，圣贤不世出，道德之风盖亦邈矣。下此而功名、而富贵，果能实心建立而忘爵禄否乎？果能明于利害而赫然震掉否乎？是未可知也。所趋既卑，故所见益陋，依傍假借，大抵名高而实下。今之所谓道德，古之功名也；今之所谓功名，古之富贵也。今之所谓富贵而已者，庸鄙攘窃，自比于乞墦穿窬，有仪、秦所不屑为者，而甘为之，所趋益已下矣。若此者，其来有由。功利之毒沦浃于人之心髓，本原潜伏，循业流注，以密制其命，虽在豪杰，有所不免，非一朝一夕之故矣。于此时而倡为道德之说，何异奏雅乐于郑卫之墟，亦见其难也已。所幸灵知之在人心，亘千百年而未尝亡，故虽利欲腾沸之中，而炯然不容昧者未尝不存乎其间。譬诸宝鼎之沦于重渊，赤日之蔽于层云，而精华光耀初未尝有所损污也。孟氏有曰："所欲有甚于生，所恶有甚于死。"死生亦重矣，而所欲所恶有甚焉者，宁舍彼而取此，信乎灵知之果未尝亡也。生死且然，况身外之功名富贵而轻于生死者乎！然而世之以燕安失之者亦多矣。是乃入圣入贤之微几、人品之高下、学术之邪正，皆于此乎。在善学者明于内外之故，察于轻重之机，识取夫炯然不容昧者而固守之，以进于道德之归。譬诸探重渊而列鼎象，披层云而睹日光，而功利之神奸魑魅自无所遁其形。此端本澄源之功，君子之辨志，辨诸此而已矣。吾人有生以来，渐于习染，虽浅深不同，未有脱然而尽无者。所赖先哲之微言未泯，而吾心之炯然者未尝昧。一念尚友之志不容自已，而不忍以功名富贵薄待其身。故每遇同志，亦复不量其力，呶呶焉妄为之言，以成相观之助。虽屡遭疑谤诋侮，有所不暇恤也。吾人今日之学，诚莫有先于辨志者矣。此志苟立，自能相应自乐于亲师取友，而所以传习而论学者自专且久，而无有异物之迁。是犹争名者之乐趋于朝，争利者之乐趋于市，其志应而势使然也。不然，则虽日讲时习于此，适以增其假窃之资，亦口耳而已矣，于身心竟奚益哉！

孔子曰："先进于礼乐，野人也；后进于礼乐，君子也。如用之，则吾从先进。"说者谓周末文胜，孔子欲损之以还于质，故大林放之问，致辨于奢俭易戚之间，皆从先进之志也。夫吴声华礼乐之盛似矣，苟概以从先进之说，无亦在所损乎否耶？千叶之花无实，九层之台易圮，此无他，崇饰太高而发荣太繁故也。予闻之：淡薄所以明志，纷丽技巧易失其本心。世未有浮华不黜而能完养其精实者也。昔有馁夫偶食谷而甘，即欲与众尝之，以共免于饥困之患，而其腹尚枵然未尝饱也。今者则何以异于是？吾人不以其偶食而遂忽其欲共尝之心，不以其未尝饱而并疑谷之不足以饱，则知所以养生矣。夫谷之味，冲腴而淡，异于肥甘，窃恐吾人厌饫之余，溺于所养，而于此或有所不察耳。

不肖因同心之属，叹兹会之不偶也，聊发狂言，用终就正之愿，以广诸君子未究之业。试以质诸方大夫，将亦在所与也乎！

嘉靖辛亥冬十一月朔书于南濠别墅。

别周顺之漫语

粤自水西之别，与顺之相违者两年于兹。今年秋，顺之裹粮千里，复访予会稽山中，求所请益。因与探禹穴，跻龙山，沿泂鉴湖之曲，觅梅隐之故墟，寻兰渚之遗迹，徜徉浃旬，相观弥切，而顺之依依默默，若超然于名利之外，不以其所履者为已足，而以其所造者为未至，方自视歉然也。复送之西游，延访隐沦，将穷三洞五湖之胜，翘然遐览，寄兴益幽，盖非徒区区山水间而已也。出关止宿于湖墅山房，偶举教典"名利行道四不住"之说，若有以启予者。

夫不住于名利者，豪杰之所能；不住于行与道者，非圣贤不能也。慨惟圣学息而伯术倡，士鲜克以豪杰自命，其所汲汲而趋者，不在于名，则在于利。以世界论之，自古至今，为千百年渐染；以人身论之，自少至老，为一生薰习。承沿假托，机械日繁，求其能脱然于此者盖寡矣，而况于行乎？而又况于道乎？紫阳有云："豪杰而不圣贤者有之，未有圣贤而不豪杰者也。"顺之天性冲毅，耻累于习染，志乎圣贤者有年矣，行履卓然，已有闻于时，而且过为贬损引慝，皇皇然以未得闻道为忧，是岂直不住于行？其于道也，盖亦几矣。

予闻之，道无方所而学无止极。渊然而寂，若见其可即，而非以形求也；炯然而澄，若见其可睹，而非以知索也；盎然而出，若见其可循，而非以力强也。夫非以形求，则为忘形之形；非以知索，则为忘知之知；非以力强，则为忘力之力。惟志无可忘，斯得无所得；得且不可，而况于住乎？若此者，存乎心悟。未有所悟而求得，与未有所得而求忘，皆妄也。虽然，习染之入人亦微矣。渐渍薰炙，蒸淫乎心髓，循景窃发而不自知。故凡应感逆顺之间、称讥交承之际，未免矫持强饰、顾忌调停，出于有所为而为者，皆习染之为累也。

向在水西亦曾言之，两年之间作何体会？若非深察而密为之证，所谓超然者未免终涉于兴，而欲然者终或未能有以副也。故君子之学，以悟为则，以遣累为功。累释而后可以入悟，悟得而后其功始密而深，是谓真得真忘，非言说意想之所能及也。

予不肖，妄意圣学盖亦有年，因循受累，业不加修，而道日远。多过以来，颇知省惕，思以求入于悟而未能也。惟是一念求友之心若不容以自弃，故于千里远来之情亦若不容以自默。其所切切为顺之妄言者，虽非悟后语，庶几同心之助、彼此相益之义也。然则吾人将何所求哉？道不可以言说意想而得，则离言说、绝意想之外，将何所事悟也者？圣学之微机，无所因而入，遣累之说亦言筌耳。譬诸梦之得醒，曾有假于言语意想与否？此可以默识矣。今日之学，但恐未离梦说耳。果能真醒，诸梦将自除，又奚染习之足累乎！所望坚志弗回，益敦其所履而深其所造，期于悟而后已。使天下将因行而益信其所学，予亦借此以免于梦说之罪已乎！

书滁阳会语兼示水西宛陵诸同志

嘉靖癸丑春闰之十日，余赴南谯，取道滁阳，拜瞻阳明先师新祠于紫薇泉上。同年太仆巾石昌子以滁为先师讲学名区，相期同门诸君子及署之僚属、州校诸博与其隽士数十人，大会于祠下。诸君谬不余鄙，谓余晚有所闻，各以所悟所得相质，以求印正。余德不类，何足以辱诸君之教？而先师平生所学之次第，则尝窃闻之矣。无已，请为诸君诵之，而自取正焉。

先师之学，凡三变而始入于悟，再变而所得始化而纯。先师少禀英毅，凌迈超侠不羁，于学无所不窥。尝泛滥于词章，驰骋于孙吴，虽其志在经世，亦才有所纵也。及为晦翁格物穷理之学，几至于殒。既而苦其烦且难，自叹以为若于圣学无缘，乃始究心于佛老之学，筑洞天精庐，日夕勤修，练习伏藏，洞悉机要，其于彼家所谓见性抱一之旨，非惟通其义，盖已尽得其髓矣。自谓尝于静中内照，形躯如水晶宫，忘己忘物，忘天忘地，混与虚空同体，光耀神奇，恍惚变幻，似欲言而忘其所以言，乃真境象也。及居夷处困，动忍之余，恍然神悟，不离伦物感应，而是是非非天则自见。征诸四子六经，殊言而同旨。始叹圣人之学坦如大路，而后之儒者妄开迳窦，纡曲外驰，反出二氏之下，宜乎高明之士厌此而趋彼也。自此之后，尽去枝叶，一意本原，以默坐澄心为学的，亦复以此立教，于今《录》中所谓"如鸡覆卵，如龙养珠，如女子怀胎，精神意思凝聚融结，不复知有其他"、"颜子不迁怒贰过，有未发之中，始能有发而中节之和"、"道德言动，大率以收敛为主，发散是不得已"，种种论说，皆其统体耳。一时学者闻之翕然，多有所兴起。然卑者或苦于未悟，高明者乐其顿便而忘积累，渐有喜静厌动、玩弄疏脱之弊。先师亦稍觉其教之有偏，故自滁、留以后，乃为动静合一、工夫本体之说以救之。而入者为主，未免加减回互，亦时使然也。自江右以后，则专提"致良知"三字，默不假坐，心不待澄，不习不虑，盎然出之，自有天则，乃是孔门易简直截根原。盖良知即是未发之中，此知之前更无未发；良知即是中节之和，此知之后更无已发。此知自能收敛，不须更主于收敛；此知自能发散，不须更蕲于发散。收敛者感之体，静而动也；发散者寂之用，动而静也。知之真切笃实即是行，真切是本体，笃实是工夫，知之外更无行；行之明觉精察即是知，明觉是本体，精察是工夫，行之外更无知。故曰："致知存乎心悟，致知焉尽矣。"逮居越以后，所操益熟，所得益化，信而从者益众。时时知是知非，时时无是无非，开口即得本心，更无假借凑泊，如赤日丽空而万象自照，如元气运于四时而万化自行，而自亦莫知其所以然也。盖后儒之学泥于外，二氏之学泥于内，既悟之后，则内外一矣。万感万应皆从一生，兢业保任不离于一。晚年造履益就融释，即一为万，即万为一，无一无万，而一亦忘矣。

先师平生经世事业震耀天地，世以为不可及。要之学成而才自广，几忘而用自神，亦非两事也。先师自谓"良知二字，自吾从万死一生中体悟出来"，多少积累在，但恐学者见得太容易，不肯实致其良知，反把黄金作顽铁用耳。先师在留都时，曾有人传谤书，见之不觉心动，移时始化。因谓："终是名根消煞未尽，譬之浊水澄清，终有浊在。"余尝请问平藩事，先师云："在当时，只合如此做，觉来尚有微动于气所在。使今日处之，更自不同。"夫良知之学，先师所自悟，而其煎销习心习气、积累保任工夫，又如此其密。吾党今日未免傍人门户，从言说知解承接过来，而其煎销积累保任工夫，又复如此其疏。徒欲以区区虚见影响缘饰，以望此学之明，譬如不务覆卵而即望其伺夜，不务养珠而即望其飞跃，不务煦育胎元而即望其脱胎神化，益见其难也已。

慨自哲人既远，大义渐乖，而微言日湮。吾人得于所见、所闻、所传闻，未免各以性之所近为学，又无先师许大炉冶陶铸销镕以归于一，虽于良知宗旨不敢有违，而拟议卜度，搀和补凑，不免纷成异说。有谓"良知落空，必须闻见以助发之，良知必用天理，则非空知"，此沿袭之说也。有谓"良知不学而知，不须更用致知，良知当下圆成无病，不须更用消欲工夫"，此凌猎之论也。有谓"良知主于虚寂，而以明觉为缘境"，是自窒其用也。有谓"良知主于明觉，而以虚寂为沉空"，是自泪其体也。盖良知原是无中生有，无知而无不知。致良知工夫原为未悟者设、为有欲者设。虚寂原是良知之体，明觉原是良知之用，体用一原，原无先后之分。学者不循其本、不探其原，而惟意见言说之腾①，只益其纷纷耳。而其最近似者，不知良知本来易简，徒泥其所悔之迹而未究其所悟之

---

① "腾"，原误作"誊"，今据《全集》本卷一《滁阳会语》改。

真，哄然指以为禅，同异毫厘之间，自有真血脉路，明者当自得之，非可以口舌争也。

诸君今日所悟之虚实与所得之浅深，质诸先师终身经历次第，其合于否？所谓"如人饮水，冷暖自知"，以此求之，沛然有余师矣，而余也何足以知之？昔人尝有"贫儿说金"之喻，今者则何以异此？惟诸君终始保任，不复以易心乘之，不因其从旁乞食而并疑其说金之非，庶几不负先师四十年前临滁开讲之苦心，亦不枉不肖千里取道求益之本愿，微言不致终泯，而圣学之明有日矣。

余既别滁阳，赴水西，因忆巾石诸兄相属，今日之会不可以无纪。追述会中相与之意，作《会言》，将以遗之。谫闻虚见，无能仰窥先师之蕴，恐轻于玩泄，反增狂戾，临发复止，不得已。而后安国诸友见而请曰："滁旧为阳明夫子临讲之地。先生发其所悟所得之旨，而四十年前之精爽俨然如在，可谓一时之盛矣。夫子之神无所不在也。盍留宛陵、水西，使诸生晨夕观省，即其所学而庶几焉，以展其对越之诚，固滁阳诸君子之同心也。"并书以示。

癸丑夏四月朔书。

龙溪会语卷之二

三山丽泽录

　　予与遵岩子相别且十余年矣，每书相招，期为武夷之会。时予羁于迹，辞，未有以赴也。嘉靖丁巳夏杪，始得相会于三山石云馆第。先是丙辰冬，唐子荆川以乃翁状事入闽，予送之兰江之上，意予沿途朋类追从，欲密其迹，遂独赴武夷，会遵岩。遵岩讶之，乃复申订前约，以今年四月会于九曲、天游之间。比予将赴水西之会，恐不逮事，更以五月为期。至则遵岩以病未能即来，仲弟东台方解组，侨居芝城，因趋与东台会，且询来耗。适右辖万子枫潭赴任，过芝城，邀为予曰："凤峰公、龙岩、未山、远斋诸君在三山，福守祁子又为亲交，诸士友亦有同此志者。子既入闽，情不容于不会。"已而龙岩子复遣使来劝驾。遂顺流抵三山，以迟遵岩之至。既会，彼此慰劳。已顾视形骸，相对黯然以欷，辄复释然以喜。故人久阔骤聚之情，固如是也。出则联舆，入则并席。日则间与凤峰及诸君子相聚处，更问互答，以尽切劘之益。夜则相与宴息深坐，究阐旧学，并证新功。或遵岩子倡而予酬之，或予启而遵岩子承之，或偕答问疑义，相与寻绎以归于一，盖旬有九日而别。临别，龙岩诸君相谓曰："昔者朱陆鹅湖之会，才数日耳，数百年传为胜事。在当时尚不免有异同之见、动色求胜之嫌。今二君之会，迹合心骈，显证默悟，意象超豁，了无形迹之滞。吾辈日借相观，亦有所发，不减于东莱之在鹅湖也。而顾无一言以纪其盛，不几于欠事乎？况闽为杨、罗、朱、李四子所自出，素称道学之乡，而承传既远，遗韵将埋，怀世道之虑者，方惕然病之。二君不远千里相聚于此，诸所发明简易邃博，将溯四子而上之。譬之黄钟大吕，宣畅于绝响之余，有耳者所共闻，道将赖以复明，学将赖以复振也，而可少乎哉？"予与遵岩歉然避席，曰："倡道兴学，则吾人岂敢当？若曰各纪所闻，以俟将来，庶乎其可耳。"爰述证悟答问之语，厘为数条，予启其端，遵岩发其趣，用致赠处，以就正于大方，且征他日再会之期，当不以为僭妄也。

遵岩曰："学术不出于孔氏之宗，失其统而为学者，其端有二，曰俗与禅。若夫佛氏之学，则固吾儒之宗派，或失于矫则有之，非可以异端论也。"龙溪曰："然。异端之说，见于孔氏之书。当时佛氏未入中国，于老氏尚往问而称之。庄子、老氏之宗，皆非可以异端名也。吾儒之学，自有异端。老氏学道德，佛氏学性命，蒙庄宗老而任狂，过于矫与诞则有之。今日所病，却不在此，惟在于俗耳。先师有云：'世之人苟有究心虚寂、学道德性命而不流于俗者，虽其陷于老释之偏，犹将以为贤。盖其心求以自得也。'世之儒者不此之病，顾切切焉惟彼之忧，亦见其过计也已。良知者，千圣之绝学，范围三教之宗，道德性命之灵枢也。使致知之学原本虚寂，而未尝外于伦物之感应，外者有节而内者不诱，圣学之宗也，何偏之足病？故曰'致知在格物'，言格物所以致吾之知也。吾儒与二氏，毫厘之辩，正在于此。惟其徇于应感之迹，揣摸假借，不本于良知以求自得，始不免于俗学之支离，不可以不察也。"

遵岩曰："老子原是圣学。"龙溪曰："然。老子，羲皇无为之学也，病周末文胜，故立言不免于矫，亦孔子从先进之意。"友人问观妙观徼之旨，龙溪曰："观妙是性宗，无中之有也；观徼是命宗，有中之无也。有无交入，老氏之玄旨也。在吾儒即寂感之义。"

友人问："老子谷神玄牝，明是养生之术。"龙溪曰："吾儒未尝不养生，只是致知尽之，不如彼家名象多端庞杂。谷神即良知，谷神不死，即良知常活。良知是鸿蒙初判之窍，故曰'玄牝之门'。良知是生天生地、万化之基，故曰'天地根'。以神驭气，神气自相配合，是集义所生者。集义即是致知。'用之不勤，绵绵若存'，即是勿忘勿助、集义、养气之节度也。彼家亦以孟子养气为几于道，但圣学不明，反自以为异耳。"

友人问老氏三宝之说。龙溪曰："此原是吾儒之学、《大易》之旨，但称名不同耳。慈者仁也，与物同体也。俭者啬也，凝聚保合也。不敢为天下先者下也，谦冲礼卑也。慈是元之亨，俭是利贞之性情，不为天下先是用九之无首，故曰'老子得《易》之体'。"

友人问庄子之学。龙溪曰："庄子已见大意，拟诸孔门，不在开、点之下。东坡论庄子推尊孔子之意，虽是笔端善于斡旋，亦是庄子心事本来如此。其曰'不知以养其所知'及'木鸡承雕'诸喻，即孔门'无知'、'如愚'之旨。其曰'未始有物，未始有初'诸说，即《大易》先天之旨。但寓言十九，似涉狂诞。世人泥以为訾，真痴人前说梦也。"

遵岩论释氏学曰："萧梁以来，溯祖承宗，其说浸盛，学为士而溺于禅，遂多有之。心通性达，廓然外遗乎有物之累，而洞然内观于未形之本，则孔门之广大高明，其旨亦何以异？其疑虑融释，灵几照灼，雨施云行，则草木毕遂，天虚渊定，而飞潜自形，自谓妙得乎姬《易》《大雅》之微，传足以辟夫执器滞言之陋。以为拟议矜缀，似而非真，诵说训解，多而迷始也。然以其摆落形迹以为无方体，舍弃大义以为黜聪明，荡然无复可守之矩度，而游移茫昧，徒有不可测之言，反为浮诞惰纵者之所托，故儒者尤患之。"龙溪曰："若是，则吾儒与禅学无复可辩矣。器本不可执，言本不容滞。议拟矜缀，执之病也；诵说训解，滞之讹也。有可守即为执，有可测即为滞。若曰'反为浮诞惰纵者之所托'，此则学禅者之病，非禅病也。后儒以其执器滞言之见，而欲窥其廓然之际，以为形迹可略，品节将由以不存，大义少疏，条理或因之无辩，是谓不揣其本而齐其末，一切拘迫谫泥之态，将为禅者之所嗤，乌在其为辟禅也哉！吾儒与禅不同，其本只在毫厘。昔人以吾儒之学主于经世，佛氏之学主于出世，大略言之耳。佛氏普度众生，尽未来际，未尝不以经世为念，但其心设法，一切视为幻相，看得世界全无交涉处，视吾儒亲民一体、肫肫之心终有不同。此在密体而默识之，非器数言诠之所能辩也。"

龙溪谓遵岩曰："子之气魄大，精神力量足担当世界，与世之踽踽谫谫者不同。譬之大树则鹓凤易于杂栖，大海则龙蛇易于混处，世人以其踽踽谫谫之见，欲指摘訾议，撼而测之，祇见其自小也已。若吾人自处，则不可以不慎，有混有杂，终非完行。凤翔则鹓自灭，龙起则蛇自藏。此身独往独来，随处取益，以挽回世界为己任，而不以世界累其身，方为善用其大耳。”

遵岩曰："千古圣人之学，只一知字尽之。《大学》修身以齐家、治国、平天下，只在致知。《中庸》诚身以悦亲信友、获上治民，只在明善。明善即致知也。双江云'格物无功夫'，吾有取焉。"龙溪曰："此正毫厘之辩。若谓格物有功夫，何以曰'尽于致知'？若谓格物无功夫，何以曰'在于格物'？物是天下国家之实事，由良知感应而始有。'致知在格物'，犹云欲致良知，在天下国家实事上致之云尔。知外无物，物外无知，如离了悦亲信友、获上治民，更无明善用力处，亦非外了明善，另有获上治民、悦亲信友之功也。以意逆之，可不言而喻矣。"

龙溪谓遵岩曰："吾人学问，未能一了百当，只是信心不及，终日意象纷纭，头出头没，有何了期？只今且道如何是心，如何是信得及。心无所用，则为死灰，不能经世，才用时便起烦扰。用不用之间，何处着力？日月有明，容光必照，变化云为，往来不穷，而明体未尝有动，方不涉意象，方为善用其心。有诸己始谓之信，非解悟所及也。"

　　遵岩谓龙溪曰："区区于道实未有见。向因兄将几句精语蕴习在心，随处引触，得个入处，只成见解，实未有得。"予曰："此是兄不可及处，他人便把此作实际受用，到底只成弄精魄。盖从言而入，非自己证悟，须打破无尽宝藏，方能独往独来，不落知解，不傍人门户。兄既不安于此，只从良知上朴实致将去，一毫不以意识揿和其间，久之自当有得，不在欲速强探也。"

　　遵岩谓龙溪曰："孔子六十而耳顺，此六经中未尝道之语。不曰目与口鼻，惟曰耳顺，何谓也？"龙溪曰："目以精用，口鼻以气用，惟耳以神用。目有开阖，口有吐纳，鼻有呼吸，惟耳无出入。佛家谓之圆通观①。顺与逆相对，孔子五十而知天命，能与太虚同体，方能以虚应世，随声所入，不听之以耳而听之以神，更无好丑简择，故谓之耳顺。此等处更无巧法，惟是终始一志，消尽查滓，无有前尘，自能神用无方，自能忘顺逆。"

　　遵岩曰："荆川随处费尽精神，可谓泼撒。然

---

　　①　"圆通观"，原作"玄通贯"，今据《全集》本卷一《三山丽泽录》改。

自谓跳上蒲团，便如木偶相似，收摄保聚可无渗漏。予则不能及也。"龙溪曰："此事非可强为，须得其机要，有制炼魂魄之功，始能伏藏而不渗漏。荆川自谓得天眼诀，能炼虚空，亦曾死心入定，固是小得手处，然与致良知功夫终隔一尘。盖吾儒致知以神为主，养生以气为主。以神为主，是戒慎恐惧工夫，神住则气自住，便是当下还虚无为作用。以气为主，是从气机动处理会，气结神凝，神气含育，终是有作之法。"

友人问杨、罗、李、朱之学。龙溪曰："龟山亲得明道先生道南之传，豫章、延平皆令学者观未发以前气象，此学脉也。延平自谓'默坐澄心，体认天理'，此其终身用力之地。其传之考亭，亦谆谆以喜怒哀乐未发之旨启之。考亭乃谓'当时贪着训诂，不复记忆'，至以为辜负此翁，则考亭又何学耶？考亭以穷理之要在读书，是专以穷理为知。明道云：'只穷理，便尽性以至于命。'若如考亭之言，不惟与《大易》穷理之旨未尽明透，其于所传于杨、罗诸贤之旨亦若有所未契，不可以不深究也。"

遵岩谓龙溪曰："学不厌，诲不倦，教学相长也。"予曰："然。吾人之学原与物同体，诲人倦时即学有厌处，成己即所以成物，非二事也。孔子有云'默而识之'，此是千古学脉。虞廷谓之'道心之微'。学而非默，则涉于声臭；诲人而非默，则堕于言诠。故曰'何有于我哉'，此非自谦之辞，乃真语也。若于此参得透，始可与语圣学。"

友人问："河汾有云：'佛西方之圣人也，中国则泥。'夫佛具圆明无碍之智，不入断灭，使其主持中土，亦能随时立教，何至于泥？"龙溪曰："佛虽不入断灭，毕竟以寂灭为宗。只如卢行者在忍祖会下一言见性，谓自性本来清净具足，自性能生万法，何故不循中国礼乐衣冠之教，复从宝林祝发，弘教度生？盖既以寂灭为宗，到底不肯背其宗乘，虽度尽未来际，众生同归寂灭，亦只是了得他教门中事，分明是出世之学。故曰'要之不可以治天下国家'。吾儒却是与物同体，乃天地生生之机。先师尝曰：'自从悟得亲民宗旨，始勘破佛氏终有自私自利意在。'此却从骨髓上理会出来，所差只在毫厘，非言语比并、知识较量所得而窥其际也。"

友人问："佛氏虽不免有偏，然论心性甚精妙，乃是形而上一截理也。吾人叙正人伦，未免连形而下发挥。况心性沉埋既久，一时难为超脱，借路悟入，未必非此学之助。"龙溪曰："此说似是而实非。本无上下两截之分，吾儒未尝不说寂、不说虚、不说微、不说密，乃千圣相传之秘藏，从此悟入，乃是范围三教之宗。佛氏得吾儒之绪余，便作许大张主。自圣学不明，后儒反将千圣精义让与佛氏，才涉虚寂，便以为异学，不肯承当。不知佛氏所说本是吾儒大路，反欲借路而入，亦可哀已！夫仙佛二氏，皆是出世之学。佛氏虽后世始入中国，唐虞之时所谓巢许之流即其宗派。唐虞之时圣学明，巢许在山中，如木石一般，任其自生自化，乃是尧舜一体中所养之物。盖世间自有一种清虚恬淡、不耐世事之人，虽尧舜亦不以相强。只因圣学不明，汉之儒者强说道理，泥于刑名格式，执为典要，失其变动周流之性体，反被二氏点检訾议，敢于主张做大。吾儒不悟本来自有家当，反甘心让之，尤可哀已。先师尝有'屋舍三间'之喻。唐虞之世，此三间屋舍原是本有家当，巢许辈皆其卫舍守房之人。及至后世，圣学做主不起，仅仅自守其中一间，将左右两间甘心让与二氏。及吾儒之学日衰，二氏之学日炽，甘心自谓不如，反欲假借存活。迨其后来，连其中一间岌岌乎有不能自存之势，反将从而归依之，渐至失其家业而不自觉。吾儒今日之事，何以异此？间有豪杰之士，不忍甘于自失，欲行主张正学，以排斥二氏为己任，不能探本入微，务于内修，徒欲号召名义，以气魄胜之，只足以增二氏之检议耳。先师良知之学，乃三教灵枢，于此悟入，不以一毫知识参乎其间，所谓经正而邪慝自无，非可以口舌诤也。"

龙溪谓遵岩曰："今人都说静坐，其实静坐行持甚难。念有所着，即落方所。若无所着，即成悬空。此中须有机窍，不执不放，从无中生出有来，方是天然消息。"遵岩曰："予时常也要静坐，正为此二病作祟，不知荆川于此有得否？昔人谓：不敢问至道，愿闻卫生之经。子素究养生之术，为我略言之。"龙溪曰："荆川自有荆川作用。予于此虽有所闻，终是虚见，言之反成泄漏。子欲静坐，且从调息起手，息调则神自返，神住则息自定，神息相孕，水火自交，然非是致知之外另有此一段工夫，只于其中指出机窍，令可行持。古云：'得其要机，则立跻圣地。'非止卫生之经，至道亦不外此。明秋不负台荡之约，当共坐究竟，此一事非草草所能悉也。"

遵岩问曰："荆川谓'吾人终日扰扰，嗜欲相混，精神不得归根。须闭关静坐一二年，养成无欲之体，方为圣学'，此意何如？"龙溪曰："吾人未尝废静坐，若必借此为了手法，未免等待。圣人之学，主于经世，原与世界不相离。古人教人，只言藏修游息，未尝说闭关静坐。若日用应感，时时收摄，精神和畅充周，不动于欲，便与静坐一般。况欲根潜藏，非对境则不易发。如金体被铜铅混杂，非遇烈火则不易销。若以见在应感非究竟法，必待闭关静坐始为了手，不惟差却见在功夫，既已养成无欲之体，未免喜静厌动，与世间已无交涉，如何复经得世？独修独行如方外人则可，若欲承接尧舜姬孔学脉，不得如此讨便宜也。"

龙岩、枫潭子问于龙溪曰："古人'通昼夜之道而知'，何谓也？"龙溪曰："千古圣贤，只一'知'字尽之。'知'是贯彻天地万物之灵气。吾人日间欲念慌惚，或至牿亡，夜间气昏睡熟，便是不能通乎昼夜，便与天地不相似，便与万物不相涉。须时时致良知，朝乾夕惕，不为欲念所扰、昏气所乘，贞明不息，方是通乎昼夜之道而知。通乎昼夜，自能通乎天地万物，自能范围曲成。存此谓之存神，见此谓之见‘易’。故曰‘神无方而易无体’，是谓‘弥纶天地之道’，是谓‘穷理尽性，以至于命’。"枫潭子喟然曰："如此方是通乎昼夜之实学，非徒谈说理道而已也。"

凸峰问："先师在军中四十日未尝睡之事有诸?"龙溪曰："然。此原是圣学。古人有息无睡，故曰‘向晦入燕息’。世人终日扰扰，全赖后天查滓厚味培养，方够一日之用，夜间全赖一觉熟睡，方能休息。不知此一觉熟睡，阳光尽为阴浊所陷，如死人一般。若知燕息之法，当向晦时，耳无闻，目无见，口无吐纳，鼻无呼吸，手足无动静，心无思累，一点元神与先天清气相依相息，如炉中种火相似，比之后天昏气所养，奚啻什伯？是谓通乎昼夜之道而知。"

枫潭问天根月窟。龙溪曰："此是邵子一生受用功夫，是从阴阳升降之几握固得住，消息循环，无终无始，谓之弄丸。然此原是圣学，非如养生家任督周天之说。良知才觉处，谓之复，才觉便聚翕得住，弗致流散，谓之姤。吾人知复而不知姤，只如电光，灵根不固；知姤而不知复，只定得气，灵机不显。知复知姤，方是阴阳互根，方是太极生生之机，方是一阴一阳之道。邵子'闲往闲来'，亦只是窃弄此机到熟处，便是内圣外王之学。"

龙岩、枫潭问："《乾》之用九，何谓也?"龙溪曰："用九是和而不倡之义，若曰阳刚不可为物先，则乾非全德矣。吾人之学，切忌起炉作灶，惟其和而不倡，故能时乘御天，应机而动，故曰'乃见天则'。吾人有凶有咎，只是倡了。孔子退藏，得用九之义。"又云："'首出庶物'，何谓也?"曰："乾体刚而用柔。首出者，刚之体;无首者，柔之用。用柔即乾之坤，用六永贞即坤之乾，乾坤合德也。"

亶峰过石云馆而论学曰："诸君尝言寂感一体，其义何如?"龙溪曰："寂是心之本体，非以时言。有思有为便不是寂，感有不通即非寂体。""然则双江归寂之说何如?"龙溪曰："双江先生云'感处无功夫'，不为无见。然寂本无归，即感是寂，是为真寂。若有所归，寂感有时，终成二见。"遵岩曰："双江虑学者不知寂体，只从感上牵补过去，故提得寂字较重，非谓寂而后生感也。"亶峰云："双江寂感终分先后，自从虚静胎养出来。若只感上求寂，即为义袭之学。"龙溪曰："千古圣贤只在几上用功。周子云：'寂然者，诚也；感通者，神也。动而未形，有无之间者，几也。'动者，感也，未形则寂而已。有无之间是人心真体用，当下具足，更无先后，几前求寂便是沉空，几后求感便是逐物。圣人则知几，贤人则庶几，学者则审几，是谓无寂无感，是谓常寂常感，是谓寂感一体。"

龙岩问曰："古云'看一部《楞严经》不如读一《艮》卦'。既曰'艮其背'，又曰'思不出其位'，何也？"龙溪曰："此是圣学之宗传。止必有所。'艮其背'，止其所也。圣学功夫，只在'艮其背'一言。圣人取象，耳目口鼻手足，感触皆在于面，皆是动处，惟背不动。凡卦阴阳相得谓之和应，《艮》卦上下二体，未尝相和，故谓敌应，言耳目感触与物相应，只如艮背一般，不为所引，故曰'不相与也'。外道绝应，众人和应，圣学敌应。'不获其身'，只如不用耳目感触一般，忘己也。虽'行于庭'，不见一些声色一般，忘物也。艮非偏于静也。吉凶悔吝，生乎动静而不与，故无咎。心之官则思，'思不出其位'，即所谓止其所也。不出位之思，方是心得其职，方是圣学。"又曰："北辰，天之枢也。天枢无时不运，七曜赖以生明，四时赖以成岁，而未尝离于本垣，此即'思不出其位'之义。若止而不思则运息，便是禅学；若思而不止则位离，便是俗学。"

凤峰谓龙溪曰："昨来所论寂感之义，验之日用应酬，心体不动而触处皆通，觉有入处，得此生生之几，似不容已，乃知师友相观之益不可无也。"龙溪曰："如此方是经世之学。天机所动，其容已乎！然此却是自能取益。所谓瓦砾黄金，若非虚心乐受，纵便黄金，亦成顽铁用耳。"

未山过馆论学曰："凤峰先生谓以心喻镜，镜有尘垢即用刮磨，心有尘垢作怎生磨？"龙溪曰："古人取譬，只是得其大概，以无形之心而喻以有形之物，一一相比，如何同得？磨镜功夫只在照上磨，不是磨了后方去照。吾人心镜被世情嗜欲尘垢昏蔽，亦只在应感上刮磨，务令光明透露，非是离了应感世情，逃诸虚空做得。人心未尝无感时，纵令槁心静坐，亦有静境相感。譬镜在匣，亦不废照，寂感一体也。"

凤峰谓龙溪曰："祁守忠信沉毅，每事尽心，近来多事中甚得其力。"予曰："祁子每以才不副志为歉。先生曰：'每事尽心，才自够用。'挥霍取办之才，正非予之所欲也。"

蒙泉会予，每欲闻过。予曰："此是不自满之心。苦节自守，每事从简，月计不足，岁计有余，士民日受和平之福，只此便是寡过之道。要人说过，不如自己见过之明。苟有无心之失，不妨随时省改。今人惮于改过，非但畏难，亦是体面放不下。勘破此关，终日应酬，可以洒然无累矣。"

龙溪尝宿于蒙泉私署，见蒙泉日间百务纷纭，晚间对坐，意象超然若无事者。尝曰："且管见在性命，过去、未来，忧之何益？徒自苦耳。"予曰："只此是无将迎，只此是学。若日间随分酬应，不论闲忙好丑，不以一毫荣辱利害、将迎意必介于其间，便是无入而不自得。古人无入而不自得，以其无入而非学也。"

远斋曰："诸公每日相聚讲学固好，予却谓不在讲上，只实落做将去，便是身体力行。"龙溪曰："然。若是真行路人，遇三叉路口有疑，不得不问，不得不讲。若只坐谋所适，殆无所疑，殆不消讲耳。若徒务口讲而不务力行，则不可耳。"

遵岩谓龙溪曰："予之作文比荆川早悟一两年，

予未有荆川识见，但荆川文字终有凌振之气。予发之稍和厚，亦系于所禀耳。"又曰："韩子谓'师其意，不师其词'，此是作文要法。欧、苏不用《史》《汉》一字，脱胎换骨，乃是真《史》《汉》。"

龙溪谓遵岩曰："古人作文，全在用虚。古今好文字足以有传，未有不从圆明一窍中发者。行乎所当行，止乎所不得不止，一毫意见不得而增减焉。只此是作文之法，只此是学。"

龙溪问于遵岩曰："家居十余年，行履何如？于此件事体究何如？"遵岩曰："此生之志，不敢自负于知己，终是世情牵绕，割截不断。日逐体究，不无少见，终落知解，不能觌体光明透彻。"予曰："此是吾人通病，然此亦是一病两痛。惟其世情牵绕不断，所以未免包裹影响，不能直达光透。惟其本体不能直达光透，所以世情愈觉缠绕周罗。古云：'但去凡心，别无圣解。'若志一真，当下自反，即得本心。良知自瞒不过，世情自假借不去，所谓赤日当空，群晦自泯。吾人此生只此一件事，更有何事拽搭得来？"

龙溪曰："吾人居家，以习心对习事，未免牵缠堕落。须将此身撒得出来，时常求友于四方，换易境界，方有得力处。只如不肖长年出游，岂是家中无些子勾当？岂是更无妻孥在念？亦岂是招惹朋类、专欲以教人为事？盖此学之于朋友，如鱼之于水，相嘘相吻，不若相忘于江湖。终日与朋友相观相磨，一时不敢放逸，与居家悠悠意味自大不同。朋友因此或亦有所感发开悟，亦是朋友自能取益，非我使之能益。固有士夫相接一句开口不得时，真成对面千里，岂能一毫有所意必也？"

尝读遵岩《孔孟图考序》，仲尼独为万世仁义礼乐之主，何也？既开室设科以来，四方之士复偕之周流四方，随地讲习，非独其门人子弟而后为此学也，举一世之人莫不欲使之共学。故上则见其邦君，中则交其公卿大夫，下则进其凡民。如耦耕荷蓧之丈人，挐舟之渔父，阙党互乡之童子，皆有意焉。固非必人人之必能此道也。遇其邦君、卿大夫而得一二人焉，而学明于上矣。遇其凡民之父子兄弟而得一二人焉，而学明于下矣。启发掖引之机，问聘之所及，光辉之所见，在乡满乡，在国满国，所接莫非人，则亦莫非学矣。当其时，未尝一日不与人接，固以此为易天下之道也。史迁之知，不足以及此，谓"去来列国，皆以求仕，至于七十二君而不遇"，可慨也已！遵岩子因谓予曰："子之出游，亦窃似之。"予曰："'鸟兽不可同群，非斯人而谁与？'原是孔门家法。吾人不论出处潜见，取友求益，原是己分内事。吾岂敢望古人之光辉，以教人传道为事？然取友求益，窃有志焉。若夫此学之明与不明，则存乎所遇，非人所能强也。至于闭门逾垣，踽踽然洁身独行，自以为高，则又非予之初心矣。"

答吴悟斋掌科书

首秋，领吾兄镇江发来书，亹亹数百余言，辞严意恳，惟恐吾人缁于习染，陷身于有过，重为此学之羞。世之疵诟讲学者，不特暴弃之徒指为口实，虽贤者同讲者亦且病之，真如洊雷惊耳，令人修省之不暇。非兄直谅谊深，以人之过为己过，笃于一体之爱，能如是乎？是诚对证之良药，所当早蓄而勤服者也。细绎来教，所论致知格物之旨，尚有可商证处。此古今学术同异之辨，苟徒誉言相酬，以示无逆，似反以薄待兄，非捶挞相期一体之初心也。敢举崖略以请。

来教云："园中对晤信宿，多所悦服。其略抵牾不在本体上，正在行持保任上，千载学脉原自昭朗，学者不自昭朗耳。"

意谓先师提点良知，令人言下直见本体，若无难者。学者只缘在格物上看得太轻，忽于行持保任工夫，使人不信其行，并不信其言，不若一等高明操励之人，犹足以立此身于无过之地。是则然矣。乃不肖所欲汲汲求正之意，却正在本体上，是非忽于行持保任也。真见本体之贞明，则行持保任自不容已，不复为习染之所移。譬之饮食养生，真知五谷之正味，则蒸溲渍糁自不容已，不复为杂物之所汩。凡溺于习染者，不知贞明者也；淆于杂物者，不知正味者也。孟氏云："是集义所生者，非义袭而取之也。"集义只是致良知，良知不假学虑，生天生地生万物，不容自已之生机。致良知是求慊于心，欲其自得也。苟不得其机，虽日从事于行持保任，强勉操励，自信以为无过，行而不著，习而不察，到底只成义袭之学。豪杰而不至于圣贤在此，所谓古今学术同异毫厘之辨也。

来教谓："文公笃信旧闻，不敢自立知见，故以穷至事物之理训格物，推极知识训致知。所谓穷理者，《易》文也。知识与良知之旨，未尝差别。"

是义也，先师《与人论学书》、区区与双江《议辨》言之详矣，吾兄殆忽而未之省耶？《易》曰："穷理尽性，以至于命。"心一也，以其全体恻怛而言谓之仁，以其得宜而言谓之义，以其条理而言谓之理，以其明觉而言谓之知。仁极仁而后谓穷仁之理，义极义而后谓穷义之理。不外心以求仁，不外心以求义，独可外心以求理乎？《系辞》所谓"穷理"，兼格致诚正而言，圣学之全功也。故曰只穷理，便尽性以至于命。若专指格物为穷理，而求理于事事物物之中，不惟于《系辞》之义有偏，亦失《大学》之本旨矣。心之知一也，根于良则为德性之知，因于识则不免假于多学之助，此回、赐之学所由以分也。果信得良知及时，则知识莫非良知之用，谓吾心原有本来知识亦未为不可。不明根因之故，沿习旧见而遂以知识为良知，其谬奚啻千里而已哉！

来教云："格物者，吾心灵明，上格天，下格地，明格人物，幽格鬼神，大而五典，小而三千、

三百，无不贯通透彻，无有内外，无有动静，何在
非物？何在非格？曰'体物而不遗'，曰'感而遂
通天下之故'，皆所谓格物。格物者，致知之实地，
吾儒所以异于禅家者此也。"

此说似是而非，盖缘平时理会文公《或问》惯
熟，宛转通融，附成己见。即天地之所以高深，鬼
神之所以幽显，物理固非度外，人伦尤切于身之意
也。先师自谓："格物之旨，其于《或问》两条九
条之说，皆已包罗统括于其中，但为之有要，而作
用不同，特毫厘之差耳。"若曰"何在非物，何在
非格"，求端用力之地，果何所事事耶？良知不见
不闻，微而显以体天地之撰，而后谓之格物；良知
无思无为，寂而感以通天下之故，而后谓之格物。
致知在格物，而格物本于致知，合内外之道也。其
曰"儒佛之异在于格物"，则诚是矣。但未知作用
之同与否，果何如耳？佛氏遗弃伦物感应，而虚无
寂灭以为常，无有乎经纶之施。故曰："要之不可
以治天下国家。"孰谓吾儒穷理尽性之学而有是乎？
大人之学通天下国家为一身者，家国天下之主也。
心者，身之主也；意者，心之发动；知者，意之灵
明；物即灵明应感之迹也。良知，是非之心，天之

则也。正感正应不过其则，谓之格物，物格则知至矣。是非者，好恶之公也。自诚意以至于平天下，不出于好恶两端。是故如恶恶臭，如好好色，而毋自欺，意之诚也。好恶无所作，心之正也。无作则无辟矣，身之修也。好恶同于人而无所拂，家齐国治而天下平也。其施普于天下，而其机原于一念之微，是故致良知之外无学矣。所谓为之之要，经纶之用也。

来教云："某之所谓格，与阳明所谓格者稍似而不相似。大都悟入之途虽异，而所悟之宗旨则同。某之格与晦庵、阳明之格二说皆具，不必专主此说为是，而尽谓彼说为非。"

兄欲调停两家之说，使会归于一，自谓己之格二说皆具，其用意诚厚矣。但未知所谓稍似而不相似与所悟之同异果从何处得来。文公云："天下之物，皆有定理。"先师则曰："物理不外于吾心，心即理也。"两家之说，内外较然，不可得而强同也。孟氏云："规矩，方圆之至也。"规矩诚设，则不可欺以方圆，而方圆不可胜用。若曰天下之物自有方圆之理，舍规矩孰从而定之哉？纵得其似，亦不过多学之亿中耳。其于屡空之学，变动不居，周流六虚,无方圆之规矩而天下之方圆从此而出,相去何远哉!此入圣之微机,无典要之大法,不可以不察也。或者谓"心之良知,非假事物之理为之证,师心自用,疑于落空",此正所谓毫厘之辨也。夫万物皆备于我,非意之也。目备万物之色,耳备万物之声,心备万物之情,天然感应,不可得而遗也。色有黑白,声有清浊,情有是非。目惟空始能鉴色,耳惟空始能别声,心惟空始能类情。苟疑其堕于空也,而先涂之以黑白,聒之以清浊,淆之以是非,存为应物之准,岂惟不足以取证,聪明塞而睿知昏,其不至于聋聩而眩者几希矣。此学公于天下,公于万世,非一家私事。望兄舍去旧闻,虚心以观两家之说,孰是孰非,必有的然之见,有不待辨而自明矣。

来教云:"今时讲学之弊有二:其一以良知本来无可修证,才欲修证,便落二乘,其弊使人悬空守寂,截然不着格物工夫。其一以知即是行,一切应迹皆可放过,其弊使人见这光景,自以为足,不复修行,干没于伪欲而不自以为非,是看格物为不要紧工夫。二者缘于良知本体未曾彻悟,非教使之然也。"

此二者之弊，世间无志甘于染习，与稍有志而狃于近利、泥于虚见，或诚有之。先师设教之旨与吾人相与讲学之意则不然。然兄以为传流之误，虽若为吾人出脱罪过，亦时使然也。良知不学不虑，本无修证，格物正所以致之也。学者复其不学之体而已，虑者复其不虑之体而已，乃无修证中真修证也。若曰"悬空守寂，无所事事"，则格物果将何所属耶？知即是行，非谓忽于行持，正以发不行不足谓之知之意，使人致谨于应迹也。若曰"见这光景，自以为足，干没①于伪欲而不自知其非"，乌得谓之致知也哉！末谓"缘于良知本体未曾彻悟"，可谓一句道尽，乃复曰"不在本体上"，不自相抵牾也耶？

来教谓区区所议"文公读书穷理，尚隔几重公案"为过情。持此进修，可以寡尤，不失为躬行之君子。若倒这公案，任意糊涂，其弊为无忌惮之中庸。讲者多不修，修者多不讲，总于大道未闻也。

千古圣学，惟在理会性情，舍性情则无学。未发之中，性之体也。其机在于独知之微，慎独即致

---

① "干没"，原作"没"，据上文补"干"字。

知也。此修道之功，复性之基，大本立而达道行，天地万物皆举之矣。孔子称回之好学，惟曰"不迁怒，不贰过"，而其用功，惟曰"有不善未尝不知，未尝复行"、"得一善则拳拳服膺而弗失"，未尝求之于外，可谓约矣。子贡从事于多学而识，以言语观圣人，夫子诲之曰"汝与回也孰愈"，盖进之也。虽尝警以无言语，以一贯示之以约，终未能使之悟也。颜子没而圣学亡，后世所传乃子贡一派学术，相沿相袭千百年而未已也。濂溪"主静无欲"之旨阐千圣之秘藏，明道受学濂溪，以"大公顺应"发天地圣人之常，龟山、豫章、延平递相传授，每令"观未发以前气象"，此学脉也。文公为学，则专以读书为穷理之要，以循序致精、居敬持志为读书之法，程门指诀至是而始一变。迨其晚年，自信未发之旨为日用本领工夫，追忆延平尝以此相授，当时贪听记诵，若存若亡，辜负此翁耳，且深悔所学之支离，至以为诳己诳人，不可胜赎，若文公可谓大勇矣。或谓先师尝教人废书否？不然也。读书为入道筌蹄，束书不观，则游谈无经，何可废也？古人往矣，诵诗读书而论其世，将以尚友也。故曰"学于古训乃有获"，学于古训，所谓读书也。其未得也，有触发之义；其既得也，有栽培之义；其得而玩之也，有印正之义。鱼兔由筌蹄而得，滞于筌蹄而忘鱼兔，是为玩物丧志，则有所不可耳。较之程门公案，已隔几重。回、赐之所由以殊科也。兄谓"守此进修，可以寡尤"，此固然矣。然必有志而后能守，苟甘于暴弃，无所忌惮，虽有公案，且将视为长物，孰从而持之躬行？君子必本于慎独，道修性复，始可谓之躬行。若依仿古人之迹，务为操励以自崇饰，而生机不显，到底只成义袭作用，非孔门之所谓君子也。讲学正所以修德，改过迁善，讲学之事也。若曰讲而不修，所讲又何事耶？

来教欲吾人翻槽洗臼，从格物上讲明，以身为教，无俾良知为空谈，学者有所率循，中人以上者由之可以超悟，下者亦可不失尺寸。

此昔贤忠告之道，非兄爱我之至，何以得闻斯言乎？敢不祗领！孟氏云："百里奚之适秦，年已七十矣，曾不知食牛干主之为污也。"贤者与乡党自好分明是两条路径。贤者自信本心，不动情于毁誉，自信而是，举世非之而不顾；自信而非，得天下有所不为。若乡党自好，不能自信，未免有所顾忌，以毁誉为是非，于是有违心之行，其所自待者疏矣。不肖年驰志迈，多过之身，修行无力，动憎众口，岂敢谓毁誉忘情，自拟于贤者？而一念改过，颇能自信，两者路头，颇知决择以为从违，不忍自负其初心。尝谓"君子为善有所顾忌，则不能成大善；小人为恶有所顾忌，则不能成大恶"，善恶大小之分，决诸一念而已。人之相知，贵于知心。既食五谷之味，则杂物自无所容，亦赖知我者有以谅其心而卒成之，固难与世人言也。

夫投以木桃而报以琼瑶，其往厚也；投以琼瑶而报以所赐，其情均也。不肖于师门晚年宗说幸有所闻，不忍自秘。三数十年来①，皇皇焉求友于四方，岂惟期以自辅，亦期得一二法器，相与共究斯义，以绵此一脉如线之传。三五同志之外，若无足以当情者。此学原为有志者说，为豪杰者说，千钧之鼎非乌获不能胜，执事所谓乌获，非耶？自古圣贤须豪杰人做，然豪杰而不圣贤，亦容有之。或任气魄承当，或从知解领会，或以对算为经纶，或以沉思为妙契，或傍名义恃以为清修，或借玄诠负以为超悟，或鄙末学之卑陋侈然自以为高，或矜旧见

---

① "三"，《全集》本卷十《答吴悟斋》无此字。

之通融充然自以为足。种种伎俩，有一于此，皆足为障道之因，此豪杰之病也。夫道有本而学有机，不得其本，不握其机，则工夫扞格不能入微，虽使勋业格天，文章盖世，声名喧宇宙，过眼等为浮云。譬之无根之木，无源之水，徒有采摘汲引之劳，盈涸荣枯，可立而待也。夫自萌蘖之生以至于扶苏，由源泉之混以至于洋溢，终始条贯，原无二物，故曰："天地之道，可一言而尽，其为物不贰，则其生物不测。"此千古圣贤之学脉，所谓格物致知，格此致此而已，所谓学术之辨，辨此而已。凡可以言显者，大旨不出于此。若夫不可以言而显者，在兄默成而自得之。先师云："致知存乎心悟，致知焉尽矣。"昔有人会法义堕，以赌头为约者，宁可有智，人前舍头；不可无智，人前取胜。此言可以喻大。非兄相爱，无以发予之狂言。此固报赐之情，亦捶挞相期之初心也。

龙溪会语卷之三

东游问答

　　不肖辱学院楚侗子之知，神交十年，每问讯相期，未由觌面。甲子暮春之初，予赴水西之会，道出阳羡，时楚侗子校文宜兴，晨启堂吏入报，瞿然离座曰："异哉！"亟遣有司谕意，随出访，握手相视，欢若平生。笑谓予曰："晚著得《讼》之繇曰'利见大人，不利涉大川'，此何兆也？心拟征之，忽堂吏报云云，平生心事，通于神明，天假之缘，非偶然也。"予曰："道共百年，彼此倾注。今日之兆，于不肖诚不敢当，而在楚侗通道之笃、好善之诚，神之听之，亦已久矣。'不利涉大川'者，何也？以刚乘险，恐伤于所恃。吾人终日不可忘戒惧之心，天之示人深矣。"乃相侍为张公、玉女之游，舟中信宿证悟，颇尽请益之怀。时兵宪龙池王君从禅宗入悟，乐意忻忻，参互究绎，尤极玄理。楚侗时时以当下认识本宗示意，龙池君若无所逆。一时聚乐之盛，信非偶然也。临别，楚侗复蕲予言，乃为次第问答之语录以就正，亦古人不忘赠处之义也。

楚侗曰："阳明先师拈出良知二字，固是千古学脉，亦是时节因缘至此，不得不然。春秋之时，五伯功利之习炽，天下四分五裂，人心大坏，不复知有一体之义。故孔子提出个'仁'字，唤醒天下人心，求仁便是孔氏学脉。到孟子时，杨、墨之道塞天下，至于无父无君，人心戕贼，比之洪水猛兽为害尤甚，不得不严为之防。故孟子复提出个'义'字，非义则仁之道无由而达，集义便是孟氏学脉。梁晋而下，老佛之教淫于中国，人心陷溺，礼法荡然。故濂溪欲追复古礼，横渠汲汲以礼为教，明道见禅家行礼，叹以为三代威仪，盖礼失而求之于野之意，执礼便是宋儒学脉。礼非外饰，人心之条理也。流传既久，渐入支离，至分心、理为两事，心学晦而不显、郁而不畅。阳明先生提出良知以觉天下，使知物理不外于吾心，致知便是今日学脉。皆是因时立法，随缘设教，言若人殊，其主持世界、扶植人心未尝异也。"

龙溪曰："仁统四端，知亦统四端。良知是人身灵气，医家以手足痿痹为不仁，盖言灵气有所不贯也。故知之充满处即是仁，知之断制处即是义，知之节文处即是礼。说个仁字，循习既久，求之尚觉含糊；说个良知，一念自反，当下便有归着。唤醒人心，尤为简易，所谓时节因缘也。"

楚侗曰："仆于阳明之学，初间不惟不信，反加訾议，所以兴起信心，全在楚倥舍弟。舍弟资性拙钝，既不能读书，又不会理家，家君每视为弃物。舍弟自惩自艾，苦苦在山中静坐求个出头，致成血疾。一旦忽然开悟，胸中了然无滞碍。凡四书、六经未曾经目之言，与之语，当下晓了，多世儒所不道语。家君平时守些绳墨，行些好事，舍弟皆以为小廉曲谨，未免陪奉人情，与自己性分无有干涉，深信阳明先生之学为千圣的传，人无知者。仆因将遗言体贴在身分上，细细理会，简易明白，愈寻究愈觉无穷，益信舍弟之言不我诬也。故信之独深。"

龙溪曰："楚侹此悟，不由文义意识而得，乃是心悟，非依通解悟也。"

楚侗问："老佛虚无之旨与吾儒之学同异何如？"

龙溪曰："先师有言：'老氏说到虚，圣人岂能于虚上加得一毫实？佛氏说到无，圣人岂能于无上加得一毫有？老氏从养生上来，佛氏从出离生死上来，却在本体上加了些子意思，便不是他虚无的本色。'吾人今日未用屑屑在二氏身分上辨别同异，先须理会吾儒本宗。本宗明白，二氏毫厘始可得而辨耳。圣人微言见于《大易》，学者多从阴阳造化上抹过，未之深究。'夫乾，其静也专，其动也直，是以大生焉。夫坤，其静也翕，其动也辟，是以广生焉'，便是吾儒说虚的精髓。'无思也，无为也，寂然不动，感而遂通天下之故'，便是吾儒说无的精髓。自今言之，乾属心，坤属身，心是神，身是气，身心两事，即火即药。元神元气谓之药物，神气往来谓之火候。神专一则自能直遂，性宗也；气翕聚则自能发散，命宗也。真息者，动静之机，性命合一之宗也。一切药物老嫩、浮沉火候、文武进退皆于其息中求之。'大生'云者，神之驭气也；'广生'云者，气之摄神也。天地四时日月有所不能违焉。不求养生而所养在其中，是之谓至德。尽万卷丹经，有能出此乎？无思无为，非是不思不为，念虑酬酢，变化云为，如鉴之照物，我无容心焉。是故终日思而未尝有所思也，终日为而未尝有所为也。无思无为，故其心常寂，常寂故常感。无动无静，无前无后，而常自然，不求脱离而自无生死可出，是之谓《大易》。尽三藏释典，有能外此者乎？先师提出良知两字，范围三教之宗，即性即命，即寂即感，至虚而实，至无而有，千圣至此骋不得一些精采，活佛活老子至此弄不得一些伎俩。同此即是同德，异此即是异端，如开拳见掌，是一是三，晓然自无所遁也。不务究明本宗而徒言诠意见之测，泥执名象，缠绕葛藤，祇益纷纷射覆耳。"

楚侗问："造化有无相生之旨，何如？"

龙溪曰："良知是造化之精灵，吾人当以造化为学。造者自无而显于有，化者自有而归于无。不造则化之源息，不化则造之机滞。吾之精灵生天生地生万物，而天地万物复归于无。无时不造，无时不化，未尝有一息之停。自元会运世以至于食息微秒，莫不皆然。知此则造化在吾手，而吾致知之功，自不容已矣。"

楚侗曰："仆于一切交承应感一毫不敢放过，不是学个小廉曲谨，惟求尽此心而已，固非以此为高也。"

龙溪曰："古人克勤小物与世间小廉曲谨，名似而实不同。克勤小物是吾尽精微功夫，盖一些放过，吾之心便有不尽，人己应感之间便成疏略。精微愈尽则广大愈致，原未尝有一毫外饰要人道好之心，此是古人致曲之学，从一根生意达之枝叶，自然平满者也。世间小廉曲谨却是不从一根上充去，未免在枝叶上打点周旋，有个要人道好之心，到底落在乡愿窠臼里。此学术真假毫厘之辨，不可不察也。"

楚侗曰："程门以静坐为善学，与孔门之教不同，岂以时有古今，教法亦从而异耶？"

龙溪曰："孔门教人之法见于《礼经》，其言曰：'辨志乐群，亲师取友，谓之小成；强立而不反，谓之大成。'未尝有静坐之说。静坐之说起于二氏，学者殆相沿而不自觉耳。古人自幼便有学，使之收心养性，立定基本。及至成人，随时随地从事于学，各有所成。后世学绝教衰，自幼不知所养，熏染于功利之习，全体精神奔放在外，不知心性为何物。所谓欲反其性情而无从入，可哀也已！程门'见人静坐，便叹以为善学'，盖使之收摄精神，向里寻求，亦是方便法门，先师所谓'因以补小学一段工夫也'。若见得致知工夫下落，各各随分做去，在静处体玩也好，在事上磨察也好，譬诸草木之生，但得根株着土，遇着和风暖日固是长养他的，遇着严霜烈日亦是坚凝他的。盖良知本体原是无动无静，原是变动周流，此便是学问头脑，便是孔门教法。若不见得良知本体，只在动静二境上拣择取舍，不是妄动便是着静，均之为不得所养，欲望其有成也，难矣哉。"

楚侗曰："《易》云：'蒙以养正，圣功也。'养正之义何如？"

龙溪曰："'蒙亨'，蒙有亨道，蒙不是不好的。蒙之时，混沌未分，只是一团纯气，无知识技能搀次其中，默默充养，纯气日足，混沌日开，日长日化而圣功生焉。故曰'童蒙，吉'。后世不知养蒙之法，忧其蒙昧无闻，强之以知识，益之以技能，凿开混沌之窍，外诱日滋，纯气日漓，而去圣愈远，所谓非徒无益而反害之也。吾人欲觅圣功，会须复还蒙体，种种知识技能外诱尽行屏绝，从混沌立根，不为七窍之所凿，充养纯气，待其自化，方是入圣真脉路。蒙之所由以亨也。"

楚侗曰："荆川出处大节可贯金石，可质鬼神，予信之甚真。荆川在山苦节，人人以为甚奇，此犹励行者所能及。后来出山，一番真心任事，不顾毁誉，不避形迹，不论成败，惟求其心之所安。非惟世人议之，相知中亦若有所不满。此正所谓其愚不可及也。"

龙溪曰："荆川气魄担当大，救世心切，以身徇世，犯手做去，毁誉成败，一切置之度外，此岂世之谣谣者能窥其际耶？不肖与荆川有千古心期，使天不夺之速，不论在山出山，尚有无穷事业可做。而今已矣，惜哉！"

楚侗曰："阳明先生天泉桥印证无善无恶宗旨，乃是最上一乘法门，自谓颇信得及。若只在有善有恶上用功，恐落对治，非究竟。何如？"

龙溪曰："人之根器不同，原有此两种。上根之人悟得无善无恶心体，使从无处立根基，意与知、物皆从无生，无意之意是为诚意，无知之知是为致知，无物之物是为格物，即本体便是功夫，只从无处一了百当，易简直截，更无剩欠，顿悟之学也。下根之人未曾悟得心体，未免在有善有恶上立根基，心与知、物皆从有生，一切是有，未免随处对治，须用为善去恶的工夫，使之渐渐入悟，从有以归于无，以求复本体，及其成功一也。上根之人绝少，此等悟处，颜子、明道所不敢言，先师亦未尝轻以语人。楚侗子既已悟见心体，工夫自是省力。只缘吾人凡心未了，不妨时时用渐修工夫，不如此不足以超凡入圣，所谓上乘兼修中下也。其接引人亦须量人根器，有此二法，不使从心体上悟入则上根无从而接，不使从意念上修省则下根无从而接。成己成物，原非两事，此圣门教法也。"

楚侗曰："吾人工夫，日间应酬，良知时时照察，觉做得主。临睡时应酬已往，神倦思沉，不觉瞑目，一些做主不得。此时如何用力，方可以通昼夜而知？"

龙溪曰："吾人日间做得主，未免气魄承当。临睡时神思慌慌，气魄全靠不着，故无可用力处。古人云德修罔觉，乐则生矣，不知手舞足蹈。此是不犯手入微公案。罔觉之觉始为真觉，不知之知始为真知，是岂气魄所能支撑？此中须得个悟入处，始能通乎昼夜。日间神思清明，夜间梦亦安静；日间神思昏倦，夜间梦亦劳扰。知昼则知夜矣。《易》云：'君子以向晦入宴息。'古之至人，有息无睡。凡有所梦即是先兆，非睡魔也。"

楚侗曰："吴中士夫习俗称为难处，仆一切以法裁之，分毫不与假借，宁任怨，求尽吾职而已。"

龙溪曰："此是霹雳手，一切不与假借，士习一变，有补于风教不小。大凡应感之际，有从有违，未免有拣择炎凉之态，所以生怨。若一切裁之以法，我无容心焉，怨从何生？但闻往来交际大煞严峻，不能以盎然出之，至使人有所不堪，或亦矫枉之过也。"

楚侗曰："海内如龙溪、念庵二公，虽身处山林，顶天立地，关系世教不小。旧读念庵《冬游记》，句句写出肝肺，针针刺入骨髓，并无些子文义凑泊，见解缠绕。其心甚虚，其信受甚笃，乃是公真精神相逼迫，当机不放空箭，时时中的，能使之然。后读二《夏游记》，反觉意思周罗，未免牵于文义，泥于见解，殊少洒然超脱之兴，心亦不甚虚，信受处亦觉少缓。或是公之精神放松些子，时有不中的所在。感应之机甚神，一毫不容伪，卫武公年九十犹不忘箴警。此区区七八年血诚积抱，信公之心无他，故直以此言相闻也。欲公做个真圣人，令吾党永有所归依耳。"

龙溪曰："不肖修行无力，放松之病，生于托大。初若以为无伤，不知渐成堕落，乃至于此，诚为辜负相知。然此生因缘，固已舍身在此件事上讨结果，更无别事可做，亦自信其心而已。世间人不肯成人之美，往往面谀而背訾者多矣。非楚侗子爱我、信我、望我之至，肯以此血诚之言相闻耶？管仲之于鲍叔，管仲云云而鲍叔知其无他，非此相信之至，能若是乎！不肖年来深惩托大之病，只起于一念因循。后来光景已无多，反覆创艾，渐有收摄之期。今闻警戒之言，益若有省。此学不能光显于世，皆是吾人自己精神漏泄所至，一毫不敢归咎于人也①。"

---

① "归咎于人也"，原脱，今据《全集》本卷八《愤乐说》补。

愤乐说

隆庆戊辰季冬之初，予归自云间，过嘉禾，诸友会宿于东溪山房。众中启请夫子愤乐之义。予曰："此是夫子终身受用之实学，予何足以知之。"诸友再三请无已，试为妄言之，诸友试妄听之。

知夫子之乐则知夫子之愤，知夫子之愤则知夫子之乐。愤是求通之义，乐者心之本体。人心本自和畅，本与天地相为流通，才有一毫意必之私，便与天地不似；才有些子邪秽查滓搅此和畅之体，便有所隔碍而不能乐。发愤只是去其隔碍，使邪秽尽涤，查滓尽融，不为一毫私意所搅，以复其和畅之体，非有所加也。愤乐相生，勉焉日有孳孳，不知老之将至，此夫子至诚无息之学。譬之于目，自开自阖，原是快快活活，原是乐。才为些子沙屑所碍，便不快活，便入于苦。欲复本来开阖之常，惟在去其沙屑而已，亦非有所加也。

　　夫学在立志，行不越其所思，志定而后可以言
学。夫子十五志于学，至于三十而始立。立者，志
立也。未至于立，还有私意缠绕在，必须发愤以去
其私。能立便是乐。四十而不惑者，志无所疑也。
未能不惑，心须发愤以释其疑。不惑便是乐。五十
而知天命，志与天通也。未能与天相通，必须发愤
以通其微。知天命便是乐。六十而耳顺，志忘顺逆
也。顺逆尚存，必须发愤以抵于忘耳。耳顺便是
乐。虽至七十而从心所欲不逾矩，亦只是志到熟
处。未能从心，犹须发愤以入于神化。所欲不逾矩
便是乐。此志朝乾夕惕，老而不倦。愤是天然之
勇，乐是自然之和畅。故曰愤乐相生，此夫子至诚
无息同天之学也。

　　然此乐人人之所同有，但众人蔽于私欲，失其
本心，便与圣人不相似，亦便与天地不相似。夫子
又曰"不愤不启"，以此自考，亦以此教人。不厌
不倦，成己成物，性之德也。颜子能竭才，欲罢不
能，便是颜子发愤处。故能服膺不改其乐，所谓大
勇也。吾人欲寻仲尼、颜子之乐，惟在求吾心之
乐；欲求吾心之乐，惟在去其意必之私，荡邪消
滓，复还和畅之体，便是寻乐真血脉路。夫仲尼、

颜子至圣大贤，犹不忘发愤之心。吾人以不美之质、不肖之身，乃欲悠悠度日，妄希圣贤，是犹梦入清都，自身却未离溷厕，其不为赤之所笑者无几。《论语》一书首发"学"之一字，曰："学而时习之，不亦说乎！"学者觉也，觉与梦对。时习是常觉不寐，学而时习则欲罢不能，而悦之深矣。悦乃入乐之机，乐是万物同体之公心。朋自远来、得英才而教育之，是遂其同体之愿，故乐。然此乐原无顺逆，无加减，故人虽不知而无所愠，所谓"遁世无闷，不见是而无闷"，圣修之极也。遁世而人以为是，贤人以下皆能之，惟既遁世而人不以为是，则非之者至矣。若是而能无闷，非圣者不能也。盖根愈深则华愈敛，德愈潜则迹愈混。故曰"知我者希，则我贵矣"。吾人在世，所处不同，惟有顺逆二境，乐则行之，忧则违之，得志则泽加于民，不得志则修身以见于世。故明此在上则为伊、傅，明此在下则为孔、颜，各求自尽以成其德业，未尝有所意必而动于境也。学为觉义，即良知也。愤乐相生以至于忘年无知，知之至也。罔觉，觉之至也。天生斯民，使先知觉后知，使先觉觉后觉，一知一觉，德可久而业可大。尧舜耄期犹不忘兢业，此危微精一之旨，固夫子所祖述而觉焉者也。吾人可以自悟已。

别见台曾子漫语

见台曾子质粹思澄，服膺家庭之训，自幼有志圣学，杰然以千古经纶为己任，尤深信阳明先生良知之旨，虚明寂感为千圣直截根源，以为舍此更无从入之路。质粹则专，思澄则精，家学则服习久。精专且久，而又知所从入，其进于道也孰御？起家进士，历吏曹，陟奉常。己巳夏，请假南还。先期折简，寓先师嗣子龙阳君，约会武林。予辱尊翁梅台先生素爱，又闻益邃于学，情不能已，乃冒暑西渡趋会。晨夕聚处，联床证悟，凡平生所得与其所疑而欲言者，尽以相质。念其意恳气肃，通家执礼甚谦，非徒貌饰尔也。亦忘其谫菲，尽以相证。交修之益，相观之善，庶几两得之。见台属意师门，无不用情，乃者袭封之议，事属司封，与有力焉。谓会城未有专祠，请于当涂有道诸君，议为卜建，用副圣朝褒锡之意，慰往来同志瞻礼之怀，尤为同心义举。临行授简，征言为别，聊述请证一二，漫书贻之，以为别后之券，固兰臭耿耿之怀也。

见台首举念庵"收摄保聚"之说，以为孩提爱敬乃一端之发见，必以达之天下继之，而后为全体孩提之知。譬诸昭昭之天，达之天下之知，譬诸广大之天，收摄保聚所以达之也。予谓："昭昭之天即广大之天，容隙所见则以为昭昭，寥廓所见则以为广大，是见有所牿，非天有小大也。齐王觳觫堂下之牛，特一念之昭昭耳，孟子许其可以保民而王，此岂有所积累而然哉？充而至于保民，亦惟不失此一念而已，故曰'大人者不失赤子之心'。大人之所以为大人，惟在不失之而已，非能有加毫末也。但以为近来讲学之弊，看得良知太浅，说得致良知功夫太易。良知万古不息，吾特顺之而已，其有所存照，有所修持，皆病其为未悟良知本体。然则圣人之兢兢业业，终身若以为难者，果何谓耶？予尝为之解曰：'易者言乎其体也，难者言乎其功也。知易而不知难，无以征学；知难而不知易，无以入圣。非难非易，法天之行，师门学脉也。'"

见台问良知虚寂之义。予谓："虚寂者，心之本体。良知知是知非，原只无是无非，无即虚寂之谓也。即明而虚存焉，虚而明也；即感而寂存焉，寂而感也。即知是知非而虚寂行乎其间，即体即用，无知而无不知，合内外之道也。若曰本于虚寂而后有知是知非之流行，终成二见，二则息矣。"

见台问寤寐。予谓："寤以形接，寐以神交。寤寐者，凝启之兆，造化阖辟之机也。凝如水冰之凝，启如蛰虫之启。时至消息自然，人力不得而与。故阖为入机，形疲之寐非自然也；辟为出机，神驰之寤非自然也。知寤寐之道，则昼夜通而生死一矣。知昼夜、知生死者，良知也。良知即神，良知即易，故曰'神无方而易无体'。儒者之学务于经世，古人论经纶无巧法，惟至诚为能之。至诚也者，无欲也。以无欲应世，立本知化而无所倚，此千古经纶手段，天德之良知也。若夫以任情为率性，以测亿为觉悟，以才能计度为经纶，皆有所倚而然，非无欲也。见台可以自考矣。"

见台问有念无念。予谓："念不可以有无言。念者，心之用，所谓见在心也。缘起境集，此念常寂，未尝有也，有则滞矣；缘息境空，此念常惺，未尝无也，无则槁矣。克念谓之圣，妄念谓之狂。

圣狂之分，克与妄之间而已。千古圣学惟在察诸一念之微，故曰一念万年，此精一之传也。"

见台问良知、知识之辨。予谓："良知与知识，所争只一字，皆不能外于知也。根于良，则为德性之知；因于识，则为多学之助。知从阳发，识由阴起，知无方所，识有区域。阳为明，阴为浊。阳明胜则德性用，阴浊胜则物欲行，阴阳消长之机也。子贡之亿中因于识，颜子之默识根于良，回、赐之所由分也。苟能察于根因之故，转识成知，识即良知之用，嗜欲莫非天机，阴阳合德矣。"

见台问三教同异。予谓："昔儒辨之已详，今复言之，是加赘也。自儒教不明，二氏之教亦晦。三教不外于心，信得虚寂是心之本体，二氏所同者在此，其毫厘不同处亦在此。须从根源究取，非论说知解可得而分疏也。吾儒精义见于《大易》，曰'周流六虚'，曰'寂然不动'。虚以适变，寂以通感，不泥典要，不涉思为，此儒门旨诀也。自此义失传，佛氏始入中国，即其所谓精者据之以主持世界。儒者仅仅以其典要思为之迹与之相抗，才及虚寂，反若讳而不敢言。譬诸东晋、南宋之君甘守偏安，无复恢复中原之志，其亦可哀也已！先儒判断，以儒为经世，佛为出世，亦概言之。文中子曰：'佛，西方之圣人，中国则泥。'使中国尽行其教，伦类几绝，谁与兴理？苟悟变通宜民之义，尚何泥之为病也哉！毫厘可以默识矣。若夫老氏，则固圣门之所与，就而问礼，未尝以为非。致虚守寂，观妙观窍，拟于圣功，未尝专以异端目之也。世之所传者，乃其后天查滓，旁门小术，诪张烦琐，并老氏之旨而失之。使今之世而有老氏者出，盛德深藏，且将复有犹龙之叹矣。至其绝圣知，小仁义，剖折斗衡，以还无为之化，立言过激，使人无可循守，卒流于贤知者之过，较之吾儒中庸之道，似不免于毫厘之辨也。夫异端之说，见于孔氏之书，先正谓'吾儒自有异端'，非无见之言也。二氏之过，或失则泥，或失则激，则诚有之。今日所忧，却不在此，但病于俗耳。世之高者溺于意识，其卑者缁于欲染。能心习见，纵恣缪幽，反为二氏之所嗤。有能宅心虚寂、不流于俗者，虽其陷于老释之偏，犹将以为贤，盖其心求以自得也。学者不此之病，顾汲汲焉惟彼之忧，亦见其过计也已。良知者，范围三教之灵枢，无意无欲，内止而外不荡，圣学之宗也。予非悟后语，盖尝折肱而若有所得焉。吾人果能确然自信其良知，承接尧舜以来相传一脉，以立天地之心、生民之命，不为二氏毫厘之所惑，不为俗学支离之所缠，方为独往独来、担荷世界大丈夫尔。"

见台问乡愿、狂狷。予谓："孔子恶乡愿，以其学得圣人太逼真，从躯壳起念，坏人心而伤世教也。乡愿忠信廉洁，不只在大众面前矫持强饰，虽妻孥面前亦自看他不破，才是无可非刺。孔子以为似者，以其不根于心而徇于迹也。同流非是干流俗之事，不与相异，同之而已；合污非是染污世之行，不与相离，合之而已。忠信廉洁是学圣人之修行，既足以媚君子；同流合污是学圣人之包荒，又足以媚小人。譬之紫之夺朱、郑声之乱雅，比之于圣人，更觉光耀动人。圣人之学，时时反求诸心，常见有不是处。乡愿则终身精神全在躯壳上照管，无些渗漏，常常自以为是而不知反，故不可与入尧舜之道。坏心术而伤教本，莫此为甚，所以为德之贼而恶之尤深。狂者其志嘐嘐然，只是要做古人，已有作圣胚胎，但功夫疏脱，行有所不掩耳。不掩处虽是狂者之过，亦是见他心事光明无包藏，只此便是入道之基。若知克念时时严密得来，即可以为中行矣。狷者不屑不洁，笃信谨守，耻为不善，尚未立有必为圣人之志，须激发成就，进此一格，方可以入道。此良工苦心也。虽然，知圣人之学而后知乡愿之为似，知圣人之德而后知乱德之为非，非易易然也。学绝教弛，世鲜中行，不狂不狷之习沦浃人之心髓，虽在豪杰有所不免。有人于此，持身峻洁而不缁，处世玄同而无碍，精神回护，侈然自信自是以为中行，世之人亦且群然以中行称之，究其所归，流入于乡党自好而不自觉。乡党自好，所谓愿也。夫乡党自好与贤者所为，原是两条路径。贤者自信本心是非，一毫不徇于俗。自信而是，虽天下非之而不顾；自信而非，虽天下是之而有所不为。若乡党自好，则不能自信其心，未免以世情向背为是非。于是有违心之行，有混俗之迹，外修若全，中之所存者鲜矣。谚云：‘真货难识，假货易售。’后世取人，大抵泥迹而遗心，与古人正相反。譬之荆璞之与燕石，一以为瑕瑜，一以为完碔，真假固自有在也。见台卓然立志，尚友古人，而资性纯谨，耻于不善，乃类于狷，循勉以进，可冀于中行，区区媚世断然知有所不为。但似是而非之习渐渍已深，真假毫厘易于眩惑，或有袭陷其中而不自觉，不可以不察也！"

见台问："古之欲明明德于天下，说者谓既自明其明德，使天下之人皆有以明其明德，何如？"予谓："如在效上取必，虽尧舜有所不能。大人之学原是与万物同体，此一点灵明原与万物通彻无间。痿痹不仁，以灵气有所不贯也。欲明明德于天下者，是发大志愿，欲将此一点灵明普照万物，著察昭朗，不令些子昏昧，是仁覆天下，一体之实学。不然，便落小成之法，非大学之道也。"

吾党致知之学疏而未密，离而未纯，未能光显于世，虽是悟得良知未彻，亦是格物功夫未有归着，未免入于支离。物者意之用，感之倪也；知者意之体，寂之照也；意则其有无之间，寂感所乘之机也。自一日论之，动静闲忙、食息视听、歌咏揖逊无非是物；自一生论之，出处逆顺、语默进退无非是物。是从无声无臭凝聚、感应之实事，合内外之道也。而其机惟在察诸一念之微。察之也者，良知也。格物正所以为致也。此件原无奇特，圣人如此，愚人亦如此，是为庸德庸言。一切感应惟在察诸一念之微，一毫不从外面帮补凑泊。其用功不得不密，其存主不得不纯，可谓至博而至约也已。千钩之鼎，非乌获不能胜。见台，吾党之乌获也。从心悟入，从身发明，使此学廓然光显于世，非吾见台之望而谁望哉！

隆庆己巳夏闰月上浣书。

龙溪会语卷之四

自讼帖题辞

尝谓灾祥者，适然之数耳。天道微渺，而欲一一①证之事应，则瞽史之见，君子不道也。然而君子反身修悪，恒必由之。故身之所遇，虽顺逆异境，将无适而非修德进业之地，是未可一诿之数而漫不之省也。语曰"灾祥在德"，是推天以验之人者也。又曰"吉凶不僭"，是修人以合于天者也。非通于天人之故，其孰与于斯？

---

① "一"，原漫漶不清，依残迹揣度，疑为"一"字。

　　岁庚午冬，龙溪家毁于火。予往候之，见王子有惧心而无戚容，惟自引咎曰："吾欲寡过而未能，天其以是警戒我耶？"且以为自信未笃，致憎多口。凡所自讼皆由衷之言，方与儿辈相戒勉，以庶几乎"震，无咎"之义。其他外物成毁何常，岂能置忻戚于其间哉？因出其所自讼长语及所问答数条示予。得谛观之，皆超悟卓越之见，融会精粹之学，中所称有孟之自反而后可以语颜之不校，则深于道者也。推此心以事天则为不怨，推此心以待人则为不尤。不怨不尤，此夫子之所以上达，而乐天知命其极则也。龙溪子殆通于天人之故者欤！

　　龙溪昔从阳明夫子游，得讲于良知之学，而潜心者数十年矣。尝斥之以伪学而不惧，或目之为禅学而不疑。混迹尘俗而玩心高明，其仡仡乎任道之重，孳孳乎与人为善之心，盖有老而弥笃者。予幼不知学，晚未闻道，惟有真朴一念，守而弗渝。而辱与龙溪子交最久，时闻警策之言，若有所悟而步趋不前耳。观《自讼帖》而有感焉，因缀数语，以志不忘。

　　隆庆辛未春二月上浣会下生明洲商廷试撰。

火灾自讼长语示儿辈

　　隆庆庚午岁晚十有二日之昏候，长儿妇厅前积薪起火，前厅后楼尽毁，仅余庖厨数椽，沿毁祖居及仲儿侧厦、季儿厅事之半。赖有司救禳，风回焰息。幸存后楼傍榭及旧居堂寝，所藏诰轴神厨、典籍图画及先师遗墨半入煨烬中。所蓄金银奁具、器物裳衣、服御储偫①，或攘或毁，一望萧然。古德云："王老师修行无力，被鬼神觑破，以致于此，更复何言？"

　　夫灾非妄作，变不虚生。古人遇灾而惧，"洊雷，震"，恐惧以致福，震不于其躬于其邻，畏邻戒也。今震于其躬矣，岂苟然而已哉！不肖妄意圣修之学，闻教以来，四五十年，出处闲忙，未尝不以聚友讲学为事，寖幽寖昌，寖微寖著，岌岌乎仆

---

　　①　"偫"，原误作"峙"，今据《全集》本卷十五《自讼长语示儿辈》改。

而复兴。海内同志不我遐弃，亦未尝不以是相期勉。自今思之，果能彻骨彻髓，表里昭朗，如咸池之浴日，无复世情阴霭间杂障翳否乎？广庭大众之中，辑柔寡愆似矣，果能严于屋漏，无愧于鬼神否乎？爱人若周，或涉于泛；忧世若亟，或病于迂。或恣情徇欲，认以为同好恶；或党同伐异，缪以为公是非。有德于人而不能忘，是为施劳；受人之德而不知报，是为悖义。务机算为经纶，则纯白不守；任逆亿为觉照，则圆明受伤。甚至包藏祸心，欺天罔人之念潜萌而间作，但畏惜名义，偶未之发耳。凡此皆行业所招，鬼神之所由鉴也。

予平生心热，牵于多情，少避形迹，致来多口之憎。自信以为天下非之而不顾，若无所动于中。自今思之，君子独立不惧与小人之无忌惮，所争只毫发间。察诸一念，其机甚微。凡横逆拂乱之来，莫非自反以求增益之地，未可概以人言为尽非也。

予素性好游，辙迹几半天下。凡名山洞府、幽怪奇胜之区，世之人有终身羡慕、思一至而不可得者，予皆得遍探熟游，童冠追从，笑歌偃仰，悠然舞雩之兴，乐而忘返。是虽志于得朋，不在山水之间，不可不谓之清福。自今思之，所享过分，岂亦造物之所忌乎？固不敢以胸中丘壑自多也。

忆昔予承乏武选时，六科给事戚贤等因九庙火灾陈言会疏，进贤退不肖。缪以区区为贤，推其学有渊源，宜列清班、备顾问，辅养君德，不宜散置郎署，所指不肖皆据权位有势力之徒。时宰方作恶讲学，乘机票旨，斥为伪学，小人旋加禁锢。稽之往鉴，若非圣世所宜有。然在区区，则为深中隐愿，亦不敢以程朱往事叨冒自委也。

名为圣解，实则未能了凡心。名实未副，其谁与我？所自信者，此生尚友之志，与人同善之念，孜孜切切，若根于性，不容自已。海内同志亦多以是信而原之，爱而归之。或见推为入室宗盟，将终身以性命相许，庶足以慰心耳。

弭灾之术，大要有三：或强而拒之，或委而安之，或玩而忘之。然而其归远矣。学贵着根，根苟不净，营于中而樻于外，是强制也，其能久而安乎？上士以义安命，其次以命安义，动忍增益以精义也。若以为无所逃而安之，岂修身立命之学乎？吾人以七尺之躯寓形天地间，大都以百年为期，中间得丧好丑，变若轮云，特须时耳。生时不曾带得来，死时不能带得去，皆身外物也。倏聚倏散，了无定形，消息盈虚，时乃天道。自达人观之，此身且为幻影，日改岁迁，弱而壮，强而老，形骸荣瘁，且不能常保，况倏然身外之物，役役然常欲据而有之，亦见其惑矣。世固有不随生而存，不随死而亡，俯仰千古，有足以自恃者。不此之务，徒区区于聚散无定之形，以为忻戚，亦见其惑之甚矣。予为此言，未敢以为能忘，亦习忘之道也。

因此勘得吾儒之学与禅学、俗学，正只在过与不及之间。彼视世界为虚妄，等生死为电泡，自成自住，自坏自空，天自信天，地自信地，万变轮回，归之太虚，漠然不以动心，佛氏之超脱也。牢笼世界，桎梏生死，以身徇物，悼往悲来，戚戚然若无所容，世俗之管带也。修愿省愆，有惧心而无戚容，固不以数之成亏自委，亦不以物之得丧自伤，内见者大，而外化者齐，平怀坦坦，不为境迁，吾道之中行也。古今学术毫厘之辨亦在于此，有识者当自得之。

不肖今年逾七十，百念已灰，潜伏既久，精神耗泄，无复有补于世，而耿耿苦心、惕然不容自已者有二：师门晚年宗说，非敢谓己有所得，幸有所闻，心之精微，口不能宣，常年出游，虽以求益于四方，亦思得二三法器，真能以性命相许者，相与证明领受，衍此一脉如线之传。孔氏重朋来之乐，程门兴孤立之嗟，天壤悠悠，谁当负荷？非夫豪杰之士无待而兴者，吾谁与望乎？夫经以明道，传以释经，千圣传心之典也。粤自哲人萎而微言绝，六经、四书之文厄于秦火，凿于汉儒之训诂，滑于后儒之亿测附会，道日晦而学日荒，盖千百年于兹矣。我阳明先师首倡良知之旨，阐明道要，一洗支离之习以会归于一，千圣学脉，赖以复续。夫良知者，经之枢，道之则。经既明，则无借于传；道既明，则无待于经。昔人谓"六经皆我注脚"，非空言也。不肖晨夕参侍，谬承受记，时举六经疑义叩请印证，面相指授，忻然若有契于心。仪刑虽远，謦欬尚存。稽诸遗编，所可征者十才一二。衰年日力有限，若复秘而不传，后将复晦，师门之罪人也。思得闭关却扫，偕志友数辈，相与辨析折衷，间举所闻大旨奥义，编摩纂辑，勒为成典，藏之名山，以俟后圣于无穷，岂惟道脉足征，亦将以图报师恩于万一也。所幸良知在人，千古一日，悯予惓惓苦心，将有油然而应、翕然而相成者，岂徒终于泯泯而已哉！知我者谓我心忧，不知我者谓我何求。尝闻之，尧舜而上善无尽，孔子从心以后学无尽，武公老耄尚不忘箴儆，古人进道无穷之楷式。天之所以儆惧于我，正洗肠涤胃、阴阳剥复之机，殆将终始尚友之志、同善之心，而玉成之也。苟讼不由中，复借以为文过之囮，是重见恶于鬼神也，岂忍也哉！

漫书以示儿辈，庶家庭相勉于学，以盖予之愆，亦消灾致福之一助也。

自讼问答

予既以火灾自讼，或问于予曰："孔子云'吾未见能见其过而内自讼者'，难辞也。今观《长语》，是古人未见而今见之也，古人之所难而今反易也，何居？"予曰："否，不然。夫所谓过者，无心而致之者也，而自讼不动于意，天然之勇也。有心则谓之故，故斯恶矣。《书》曰'宥过无大，刑故无小'，原心之法也。圣贤之学，不贵于无过，而贵于能改过，过而惮改，斯谓之恶。'震无咎'

者，善补过也。震者自讼之谓，过则可以善补而复。若夫有心之故，则必革而去之，而后可以复于善，故曰'复，刚反也'、'革，去故也'。譬之空鼎之实雉膏，以其空也，有物塞之则为否。必颠以出其否，复还空体，而后可以无咎。此《革》与《复》之义也。孔子云：'苟志于仁矣，无恶也。'孔门之学，惟务求仁。仁者与天地万物为一体，其视天地万物，如耳目口鼻、四肢百骸之备于吾身，无大小，无善恶，无弗爱也，而未尝有彼我之分、较计之私，故可以免于恶，而过则不能无也。仁者之过，如日月之食，过也见之，更也仰之，而日月未尝有所伤，以其无心也。今之人昧于自反，不能以无心应物，认故为过，陷于恶而不自知，其自恕亦甚矣。颜子得屡空之学，常自立于无过之地，惟务自反，未尝得罪于人而人自犯之，故曰'犯而不校'。此颜子大勇也。若先得罪于人，人以横逆加于我，乃其报施之常，所谓出乎尔者反乎尔者也，焉得谓之犯？有孟之自反，而后可以语颜之不校，学之序也。孔子所谓'未见'，其殆'丧予'之叹、曾子追思之情乎！故曰颜子没而圣学亡。"

或曰："子之《自讼》以所蓄为外物，不以动心，似矣。若累朝诰轴、列祖神厨、图书典籍及阳明夫子遗墨，乃人伦之所重，人道之所珍，未可概以外物少之也。"予曰："然。诰轴者，祖父相传之告身，君之宠命，敢不贵乎？昔者孔氏世有明德三命，兹益恭发祥于孔子，子孙传世千百年未艾者，乃其世德之积庆，未必专以三命存亡为重轻也。于此轻一分，便是无君之心；于此重一分，便是徼宠之心。此可为知者道也。士夫告身，冀以传后，子孙不肖，不能自守，至有鬻为不食之资者，所贵果安在哉？神厨被毁，诚为不幸，古有造室新主之礼，宗祠苟完，奠主妥灵，亦以逭不孝之罪也。图书典籍，学问筌蹄，累叶珍藏，一朝灰散，固为可惜。自念衰年精力无多，倍宜啬养，况别有用心处，非复守书册、记故事之时，或者天意假此以示至教，未可知也。唐虞之朝，所读何书？鱼兔苟获，筌蹄可忘。于此参得透、放得下，得其不可传之秘，六经亦糟粕耳。先师墨宝，一字千金，神龙之遗爪也。爱惜之意，岂与人殊？因念至人笔画，原从太虚中来，至宝鬼神所护，不能久留于世，复还太虚，亦是常理。古德传授，有得其皮者，有得其髓者，爪亦皮耳。果得其髓，何惜其他？若徒以为墨妙，袭而珍之，则与玩器等耳，奚足多哉！"

或曰："先朝伪学之禁，遭此者为伊川、晦庵，主此者章惇、韩侂胄，善恶较然，不待辨而知也。嘉靖初年，时宰忌阳明夫子之功，并毁其学，嗾给事章侨等列论，指为伪学，出榜行禁。中年，时宰作恶讲学，乘机复有此举，师友渊源共罹学禁，人以为异。此等名号，岂圣世所宜有？章、韩何人，甘心效之？可谓不自爱矣。元祐之禁，表章于庆历之朝，乃者言官建白，颂其功，并辨其学。赖圣明赐允，世锡封爵，且议从祀，千载一时，正在今日。子不惟不以为幸，反若有所深憝者，岂人情乎？"予曰："道之行止，学之显晦，幸与不幸，自有天数，此主持世教之责，非吾人所敢与知。窃念人之为道，非伪则真，非小人则君子，间不容发。吾人欲求为真君子，必有不愧屋漏之功而后能及此，今固欲学而未之能也。明旨所谕，深中隐慝，所谓扬于王庭，正吾党震惧修省之时，诚不敢以往事自解也。"

或曰："子以灾变之来由行业所招，似矣。何至自讼以为'欺天罔人'，无乃过为贬损？抑将以此示教云尔也？"予曰："不然。祸莫大于包藏，恶莫重于欺罔。明白显露，可得而指者，谓之阳恶；潜伏暧昧，不可得而指者，谓之阴恶。阳恶根浅而祸轻，阴恶根深而祸重。欲与造化争巧，尤鬼神之所忌也。恶有阴阳，善亦有阴阳。为善于人，所见者阳德也；为善于人，所不见者阴德也。根之浅深，福之轻重，各以类应，不可诬也。故曰：'惠迪吉，从逆凶，惟影响。'吉凶祸福，存乎一念之顺逆，无不自己求之者也。夫天道至察不可欺，徒自欺耳；人心至神不可罔，徒自罔耳。非自欺则为自慊，非自罔则为自诚。善恶之机，间不容发。世人不知自反，昧昧焉肆为欺罔，辞福取祸而不自觉，反以予言为过情，弗思耳已。有诸己而求诸人，无诸己而非诸人，藏身之恕也。古德云：'自己无缚，方能解人之缚。'教人之法，亦反求诸己而已，非可以言说喻也。"

或曰："多口之憎，圣贤所不免。子务自反，不以人言为非，可谓得止谤之道矣。学术不明，交道日衰，世人不肯成人之美，不信其心而疑其迹，使为善者惧，可为世道惜也。"予曰："不然。心迹未尝判，迹可疑，毕竟其心尚有不能以自信处。昔有士人谤先师，以为虽讲道德，只做得功名之士。

先师闻之曰：'此士人非谤我，乃见称也。古之人志于功名，则不动心于富贵。某虽日讲圣人之学，少有不谨，堕落富贵之念或时有之，况功名乎？盖其心尚有所未能信也。自信此生决无盗贼之心，虽有偏心之人，亦不以此疑我，若自信功名富贵之心与决无盗贼之心一般，则人之相信，自将不言而喻矣。'不肖今日自反亦若是。多口之憎，正吾求以增益之地，岂敢以为谤而止之也？若夫学术不明，世之学者未免以弥缝毁誉为是非，故迹易疑；交道日衰，相与者不肯原其心而徒泥其迹，故谤易兴。此诚可为世道惜也。昔者鲍叔之知管仲分财多而不以为贪，谋事不中而不以为愚，战败而不以为怯，受辱而不以为无耻，盖信其心也。故曰'生我者父母，知我者鲍叔'。知我之恩与生我者等，岂易易也哉！在不肖惟有自反，益求自信，以守师门家法，不敢以此望于人也。"

或曰："名者，造物所忌。子之名重海内，同志宗盟。今日之变，或者天将以此示衰益之道也。"予曰："有是哉！名为实宾，况名实未副，尤造物之所忌也。故声闻过情，君子以为耻。如耻之，莫如务实，实胜善也，名胜耻也。《易》大畜畜之厚，谓之'畜德'，以笃实也；小畜能畜而不能久，谓之'懿文德'。其犹有为宾之意乎！观此可以知学《易》寡过之义矣。"

或曰："山林行业，异于市朝，所享过分，亦以为罪，何也？"予曰："嗟嗟，何言之易也！山林市朝，穷达异名，古之人达则为卿为相，得君行道，泽加于民，穷则为师为友，修身以见于世。由所遇之时不同，祸福非所论也。前云'山林清福'，特世法论耳。若论世法，山林之罪过于市朝。积闲成懒，积懒成病，积病成衰，始于因循，终于堕落，吾见亦多矣。不肖亦折肱于此者也。若论世法，市朝之罪更过于山林。《诗》云：'惟君子使，媚于天子，媚于庶人。'若非为上为下，坐享荣华，洪福受尽，会有销歇之时。只如先朝时宰得君二十余年，不可谓不专且久，苟存心于上下，相业可以立致。父子济恶，招权纳赂，销残士气，浚竭民脂，四海受其荼毒，生前享尽纷华，死无葬身之地。譬之覆锦于阱，方其蹈锦之时，已履祸阶，但世人行险机熟，只顾眼前，憒然视之，不自觉耳。世间号为豪杰，卓然思以自立者，身履亨途，容辞修雅，终岁熙然，恃为可久。若非明生死来去根因，纵使文章盖世，才望超群，勋业格天，缘数到来，转眼便成空华，身心性命了无干涉，亦何益也！”

或曰：“箕畴以富寿康宁为福，果何谓也？”予曰：“富寿康宁，其机在于‘攸好德’。舜有大德，故禄位名寿可以必得，被衮鼓琴若固有之，一毫无所加，饭糗终身亦一毫无所减，以其能忘也。譬之万斛之舟，百钧不为重，一羽不为轻，其所受者大也。吾人薄德寡缘，一切富贵名寿，未免得此失彼。如昔人齿角之喻，不能全享。省得一分纷华，生得一分福慧。譬之小舟不能重载，苟不量而受，必有覆溺之患。盖未明于消息盈虚之道故也。”

或曰：“子谓‘吾儒中行异于禅学、俗学’，是矣。殆非可以袭取而得，请问从入之方。”予曰：“君子之学贵于得悟，悟门不开，无以证学。入悟有三：有从言而入者，有从静坐而入者，有从人情事变练习而入者。从言而入，谓之解悟，学之初机也；从静坐而入，得自本心，谓之心悟；从练习而入，无所择于境，谓之彻悟。静坐者必有所借，境静而心始静。譬之浊水之澄，浊根犹存，才遇风波震荡，尚易淆动。若从人情事变练习，彻底晶莹，随流得妙，波荡万端而真宰常定，愈练习愈光明，不可得而澄淆也，是谓实证实悟。盖静坐所得，倍于言传；练习所得，倍于静坐。善学者量其根器大小，以渐而入，及其成功一也。先师之学，幼年亦从言入，继从静中得悟，其后居夷三载，从万死一生中练习过来，始证彻悟，生平经纶事业皆其余事，儒者中行之实学也。"

或曰："求法器所以传道，阐奥义所以传经。经传，道亦传也。此诚良工苦心，其殆吾党之思删述之意乎？"予曰："非敢然也。白首穷年，无复有用于世。师门宗说幸有所闻，会须服为终身行业。学莫善于得朋，功莫切于好古，求以辅吾之志，征吾之学，庶几无负于初心云尔。良知者，本心之灵，至虚而寂，周乎伦物之感应。虚以适变，寂以通故，其动以天，人力不得而与，千圣相传之秘藏也。世之儒者不能自信其心，反疑良知凭虚滞寂，不足以尽天下之变，未免泥于典要，涉于思为，循守助发以为学，而变动感通之旨遂亡。渐渍积习，已非一朝夕之故。今日致知之学，未尝遗典要，废思为，但出之有本，作用不同。不胶于迹，天则自见，是真典要；不起于意，天机自动，是真思为。

古今学术毫厘之辨，辨诸此而已矣。求友者，舍此更无法器可得；谈经者，舍此更无奥义可窥。但世人听得良知惯熟，反生忽易，不以为恒，言则以为异学，转辗支离，将真金作顽铁费用，为可惜耳。"

或曰："子之《自讼》切切以祸福为言，殆为常人立教之权法。圣贤之学，无所为而为，恐不专以祸福为警肆也。"予曰："然。圣贤之学根于所性，虽不从祸福起因，而亦未尝外于祸福。祸福者，善恶之征；善恶者，祸福之招。自然之感应也。圣贤之学，祸福与常人同，而认祸福与常人异。常人之情以富寿为福，以贫夭为祸，以生为福，以死为祸。圣贤之学，惟反诸一念以为吉凶。念苟善，虽颜子之贫夭，仁人之杀身，亦谓之福；念苟恶，虽跖之富寿，小人之生全，亦谓之祸。非可以常情例论也。良知无善无恶，谓之至善；良知知善知恶，谓之真知。无善恶则无祸福，知善恶则知祸福。无祸福是谓与天为徒，所以通神明之德也；知祸福是谓与人为徒，所以类万物之情也。天人之际，其机甚微，了此便是彻上彻下之道，'乃若致知，则存乎心悟，致知焉尽矣。'噫！安得玄机之士相与论祸福也哉?"

庚午腊月既望书于洗心亭中。

龙溪先生自讼帖后序

圣人之学,知微而已矣。知微则能无过,而圣人兢兢业业之心,盖不敢自以为是也。天地之大犹有所憾,而况于人乎?形生神发以后,一念之所动,宁能尽保其无过?过斯觉,觉斯复,复则天地之心见矣。此圣人之所以为圣,而亦贤人希圣之学也。虽然,微之难言久矣,过之难知也亦久矣。惟知微而后能知过,惟知过而后能知微。要非矫饰于一言一行者所可几也。《书》曰:"人心惟危,道心惟微。"微为圣学之宗,非微之动,谓之曰危。危者,过之所由生也。几者,动之微,吉之先见。非微之动,谓之曰凶。凶者,过之所由成也。贞吉贞凶,安危之机介于一念之动,非知几之君子,其孰能与于此?

余小子侍教龙溪先生三十余年于兹矣。先生,小子女兄之所归也，闻先生之言甚熟，而察先生之行甚详，自其起居动息之小以至于出处辞受之大，自其夫妇兄弟之好以至于君臣朋友之交，自其一乡一邑之近以至于四海五岳之远，凡夫顺逆常变、是非好丑与夫人情难易之迹，其所感无朕而所应无穷。先生笃于自信，直心以动，自中天则，纷沓往来，处之若一，未尝见有履错之咎。其交于海内，诚爱相与，不激不阿，善于知人之病，随机开诱，使人之意自消，教学相长，日入于微，易简直截，一洗世儒支离之习，不惟千圣学脉有所证明，而二氏毫厘亦赖以为折衷，海内同志翕然信而归之，推为三教宗盟。而先生孳孳不自满之心，惟以过情为耻，以不知过为忧，自视歉如也。是岂矫饰于一言一行，以众人耳目为趋舍者可得比而同也哉！微言微行，日精日察，无所怨于天而求合于天，无所尤于人而求信于人。何者为顺逆好丑？何者为难易？神感神应，声臭俱泯，动斯觉，觉斯化，惟先生自知之，世之人不得而尽知也。

迩者火灾之变，亦数之适然耳。先生不诿于数，惕然深警，引为己过，作《自讼长语》以训戒于家，因或人疑质，复述为《问答》以衍其义。遇灾而惧，知过而改，古人兢业之心也。是虽意在反省，而天泉秘义时露端倪，标指可以得月，观澜可以窥源，信乎师门之嫡传也。善学者默体而悟，得于言诠之外，圣学斯过半矣。因书以诏同志，斯固先生一体同善之意也。

隆庆辛未春正月元日门人张元益撰。

白云山房答问纪略

予自遭室人之变，意横境拂，哀情惨惨不舒。诸友虑予之或有伤也，谋于白溪王子，崇酒与殽，旋集于白云山房，缱绻酬酢，坐起行歌，宾主协竟日之欢，意陶陶也。予念诸友休戚相与之情，不欲虚辱，古人于旅也语，况同志之会，可徒饮酒相追逐而已乎？古人立教，愤而后启，悱而后发，迎其机也。机未动而语之，谓之强聒。君子五教，答问居一焉。譬如医之治病，必须病者先述病原，知其标本所在，药始中病，不为徒发，望气切脉，终不若自言之真也。

众中因请问曰:"尝闻之,为学只在理会性情。请问理会性情之方。"予曰:"此切问也。人生在世,虽万变不齐,所以应之,不出喜怒哀乐四者。人之喜怒哀乐,如天之四时,温凉寒热,无有停机。乐是心之本体,顺本体则喜,逆本体则怒,失本体则哀,得本体则乐。和者,乐之所由生也。古人谓'哀亦是和',不伤生、不灭性便是哀情之节也。"

众中复请问曰:"昔程门上蔡十年去得一'矜'字,明道叹其善学。今觉性情不得中和,只是傲,傲生于客气。傲,矜之别名也。敢问去傲之方。"予曰:"此尤切问也。傲,凶德。才傲,意气便骄,声色便厉,自处便高,视人便下,惟恐一毫吃亏受侮。故以子而傲则不孝,以弟而傲则不悌,以臣而傲则不忠,以朋友而傲则不信。丹朱与象之不肖,只是傲字结果一生。傲之反为谦。谦,德之柄也。处君臣、父子、兄弟、朋友之间,惟知自反尽分,先意顺承,忠信孝友,未尝有一毫愤戾之态。《谦》之六爻无凶德,内止而外顺也。客气与主气相对,譬如今日诸君作主,百凡自为贬损。酒清,虽渴而不敢饮;肉甘,虽饥而不敢食。处于下位而不以为屈，终日百拜而不以为劳。尽为主之道也。若是为客，未免易生彼此校计之心，气便易盈，志便易肆，便有许多责办人处。诸君若常能为主而不为客，志气自然和平，视人犹己，计校无从而生，不期谦而自谦矣。"

诸友复请曰："吾人见事举业，得失营营，未免为累，不能专志于学，将奈何？"予曰："是非举业能累人，人自累于举业耳。举业、德业原非两事。士之于举业，犹农之于农业。伊尹耕莘以乐尧舜之道，未闻其以农业为累也。君子之学，周乎物而不过。意之所用为物，物即事也。举业之事，不过读书作文。如意用于读书，即读书为一事；意用于作文，即作文为一事。于读书也，口诵心惟，究取言外之旨，而不以记诵为尚。于作文也，修辞达意，直书胸中之见，而不以靡丽为工。随所事以精所学，未尝有一毫得失介乎其中，所谓格物也。夫读书作文之物格，则读书作文之知始致，而所用之意始诚。故曰致知格物者，诚意之功也。其于举业，不惟无妨，且为有助，不惟有助，即举业为德业。不离见用而证圣功，合一之道也。读书譬如食味，得其精华而汰其滓秽，始能养生。若积而不化，谓之食疬。作文譬如传信，书其实履而略其游谈，始能稽远。若浮而不切，谓之绮语。所谓无益而反害，君子不贵也。举业一艺也，志于道则神清气明，而艺亦进；志于艺则神浊气昏而道亡，艺亦不进。此可以观学矣。"

诸友复请曰："吾人处世，未免身家之累，思前虑后，有许多未了勾当，未免累心。奈何？"予笑曰："此亦切问也。何不以不了了之？若知了心之法，随身有无，随家丰俭，安分量力，以见在日履随缘顺应，高还高，下还下，有余还有余，不足还不足，一毫不起非望之想、分外之求。能了心，则身家之事一时俱了。若不能于了处了，只在身家事上讨求完全称意，日出事生，终身更无了期。天不能满西北，地不能满东南，日尚有亏，月尚有晨，造物且然，吾人苦苦要求满足，亦见其惑矣。夫理会性情是保摄元气之道，消客气是祛邪之术，习举业是应缘之法，随分了心是息机静养之方，皆助道法门也。诸友闻之，皆若惕然有省。时常燕会，醉后屡舞喧器，以为纵情乐事。一闻警策之言，私相戒勉，便觉收敛凝辑，无复曩时狂态，只此便见诸友善学处。但恐此念不能持久，别后保任，不知更何如也？

区区赖师友之训，志存尚友，颇知在性情上用功，窥见未发之旨，心气稍稍和平，少疾言遽色。人无皆非之理，平生与人相接，惟见人好处，未尝见人短处。见人之善，若己有之，惟恐其不得为君子；见人之不善，若己浼之，惟恐其陷于小人。爱人一念，根于所性，予亦不知其何心也。凡人以非礼相加，只知自反，常见己过，不敢以胜心浮气加于人。虽恶人以暴横相临，亦惟自反，必有所致之由，不敢作恶于人。纵无由而致，譬之蛇蝎，毒性已成，无可奈何，吾惟避之而已，未尝致恨于蛇蝎也。凡灾变之来，皆是自己不德所致，天心警戒，将以玉成于我，惟当顺受以待其定。见在料理身家种种缺陷，以人情视之，若非所能堪，赖有了心之法，只见在缺陷处，皆作意安，常觉平满，无有不足。天定胜人，人定胜天，消息盈虚，时乃天道。默窥造化贞胜之机，惟在虚以待之而已。诸君皆一日千里之足，区区非敢以身为教，但欲借此为诸君助鞭影耳。

夫学莫先于立志，先师有《立志说》。志犹木之根也，水之源也。木无根则枝枯，水无源则流竭，人无志则气昏。吾人一生经营干办，只是奉持得此志，故志立而学半。习心习气未能即忘，方知有过可改。忿心生，责此志则不忿；傲心生，责此志则不傲；贪心生，责此志则不贪；怠心生，责此志则不怠。无时而非责志之功，无处而非立志之地。此志既定，自不能不求于先觉，自不能不考于古训，二者便是辅成此志之节度。譬之有欲往京师之志，便须问路，起脚便疑，必须寻问过来人以决其疑。今人未有疑问，只是坐谋所适，未尝行也。既问于人，又须查路程本子，以稽其日履，然后路头不至遗忘。问过来人便是质诸先觉，查路程本子便是考诸古训，无非所以助成必往京师之志。若志不在燕，而吾强告以适燕之路，虽言之而不听，虽听之而不审，亦徒然也。今日诸君既相信爱，敢谓无志做人？但恐未立得做圣人之志耳。

先师祠中旧有初八、二十三之会，屡起屡废，固是区区时常出外，精神未孚，修行无力而过日增，无以取信于人，亦因来会诸友未发真志，徒以意兴而来，亦以意兴而止，故不能有恒耳。夫会所以讲学明道，非徒崇党与、立门户而已也。天之所以与我，人之所以异于禽兽，惟此一念灵明不容自昧，古今圣凡之所同也。哲人虽逝，遗教尚存，海内同志信而向者无虑千百，翕然风动。而吾乡首善之地，反若幽郁而未畅，寂寥而无闻，师门道脉仅存一线，此区区日夜疚心不容已于怀者也。

今日诸君来会不过二三十人，越中豪杰如林，闻有指而非之者，有忌而阻之者，又闻有欲来而未果、观望以为从违者矣。其非而忌者，以为某某平时纵恣，傲气凌物，常若有所恃；某某虽稍矜饬，亦是小廉曲谨；某某文辞虽可观，行实未著，皆未尝在身心上理会，今欲为学，不知所学何事。此言虽若过情，善学者闻此，有则改之，无则勉之，莫非动忍增益之助。以舜之玄德，皋陶陈谟，尚拟以丹朱，戒以漫游傲虐，若命项辈然者，舜皆乐取而无违，此同人大智也。若夫观望以为从违，却更有说。此皆豪杰之辈有志于此者，但恐因依不得其人，路头差错，为终身之累耳。言念诸君平时虽不能无差谬，然皆可改之过，五伦根本，皆未有伤。譬之昨梦，只今但求一醒，种种梦事，皆非我有。诸君不必复追往事，只今立起必为圣人之志，从一念灵明日著日察，养成中和之体，种种客气日就消减，不为所动；种种身家之事随缘遣释，不为所累。时时亲近有道，诵诗读书，尚友千古，此便是大觉根基。或平时动气求胜，只今谦下得来；或平时徇情贪欲，只今廉静得来；或平时多言躁竞，只今沉默得来；或平时怠惰纵逸，只今勤励得来。浸微浸昌，浸幽浸著，省缘息累，循习久久，脱凡近以游高明，日臻昭旷。不惟非者忌者渐次相协，其观望以为进退者知其有益，自将翕然闻风而来，无复疑畏，是长养一方善根，诸君锡类之助也。若夫徒发意兴，不能立有不可夺之志，新功未加，旧习仍在，徒欲以虚声号召，求知于人，不惟非者忌者无所考德，一切观望者不知所劝，亦生退心。譬诸梦入清都，自身却未离溷厕，斩截一方善根，在诸君尚不能辞其责也。"

白溪私语诸友曰："吾辈闻此警切之教，不觉动心发明。主气客气，尤为闻所未闻。古云：'处贫难，处富易。'仆借遗资，似觉稍易。诸友不可不加勉也！"予闻而喜曰："白溪肯发此念，尤为难得。虽然，生于忧患，死于安乐，富贵福泽，不过厚吾之生，贫贱忧戚，方能玉汝于成。大抵逆境常存戒心，顺境易至失脚，在诸友当勉，在白溪尤不可自忽也。所云'为学只在理会性情'，然须得其要机，方成德业。颜子不迁怒，有未发之中始能。吾人欲求未发之中，须从戒慎恐惧养来。然戒慎恐惧之功亦有浅深。每与东廓公相会，东廓常发此义：自闻先师良知教旨，即知从事此学。初间从事上戒惧，每事摄持，不敢流入恶道；中年从意上戒惧，一切善恶只从意上决择；近来始知从心上戒惧用力，更觉易简。盖心者意之体，意者心之用。事即意之应迹也。在事上摄持，不过强制于外。在意上决择，动而后觉，亦未免于灭东生西。不睹不闻，心之本体，在心上体究，方是禁于未发，方是端本澄源之学，师门指诀也。诸君既知在性情上理会，去傲安分，不为旧习所汩，妄想所营，只须各随根器大小，量其浅深，以渐而入，水到渠成，真机自显。但办肯心，必不相赚。此学进退，只在一念转移之间，得之可几于圣贤，失之将入于禽兽，可不惧乎！古人进德修业贵于及时，亦望诸君趁此日力，各相懋勉，以终大业，无若区区过时而后悔也。同心之言，不嫌直致，诸君谅之。"

隆庆辛未岁六月念日书。

答问记略跋

　　龙溪先生《答问记略》，盖过余草堂与诸弟子论难语，陈子维府敬梓以播同志者也。先生遭家不禄，余与子锡等亦君子之举，正以宽先生之忧耳。先生宴笑终日，意陶陶也，则理会性情之方，固已示之不言间矣。而复不容已于言者，其对症之药方也。虽然，求方于言，不若调自己性情，此疗病之要诀也。一点灵明，随缘随发，凡一切顺逆得丧毫无增损，此体之心而可自得者。先生之不动心，意或在未发之前独有所照察矣乎？然则求先生之教者，求之方乎？抑求之性情乎？余不学，敢与同志者共商之。

　　白云溪隐人王锴谨识。

龙溪会语卷之五

南游会纪

南都、滁阳会竟，虬峰学院、履庵司成、渐庵、五台二园卿属言于予曰："昔者鹅湖之会仅仅数语，简易支离，不无异同，尚传以为胜事。今日之会，诸老道合，群彦志应，随机启牖，风规翕然，无复异同之嫌，尤不可以无传，非惟征学，亦以弘教也。"因追述会中答问诸语，录以就正，以见一时相与之义，若曰比美前闻，则非所敢当也。

万历癸酉秋，虬峰学院既毕校事，使命远将，相期为留都同志大会，用寻鹅湖之盟。继而滁阳渐庵、五台二冏卿复缄辞具舟，相迎为南滁之会，共明师门旧学。不肖衰年，艰于远涉，群公惓切之怀不可以虚辱，乃以秋杪鼓棹钱塘，达于京口，陆走真州。适冢宰张元翁被召北上，泊舟江壖，乃叔与予为己卯同年，盖通家旧好也。因访于舟中，首询先师从祀之议。元翁云："嘉靖丁亥，阳明先师赴两广至省，旧学陈良才约同学三十人拜谒于清戎公署，与闻良知之教，复命集于学宫，申订教义。大都教人立有必为圣人之志，亲师取善，读书讲学以辅成之，何等明快切实！今之学徒，讲得太玄虚，殊失师旨。言者指摘，致成纷纷之论，非师教使然也。此事出于天下公议，首相张大老相信，主之于上，平泉同志当局，身任其事，众情亦渐协，事在必成。到部考察事毕，即当赞决，早为题覆，固同志己分事也。"因谈及区区昔年该科论荐之事，时宰作恶，票拟伪学。翁愀然，此等名号，岂圣世所宜有？意若恻恻。不肖以为衰废之年，无复有补于世，惟力意海内善类得恃以无恐，某也受赐多矣。翁又谓："留都行时，座中有一乡长以两事见教：一为止奔竞，一为抑伪学。予谓：'奔竞本须抑，只如区区南都散部远臣，圣明一时误用，岂奔竞所能及？若伪学，是何等名号？宋事可鉴。主此者是何人？当此者是何人？但当虚心以贤不肖定人品，若欲以是概之，是欲抑而反扬，亦非所以自爱也。'其人默然。"翼日走全椒，访同年戚南玄之庐，即前科中疏名论荐，被谴而归，不肖累之也。忱怀今昔，何异昨梦？幼子汝基辈相拉旧游及新向诸友数十人，寻会于南谯书院。忆与南玄尝有"一念超三界"之说，众中因复举似："一念不涉尘劳，即超欲界。一念不滞法象，即超色界。一念不住玄解，即超无色界。噫，斯人不可复作矣！与大众相别多时，十余年来所作何务？念念与世界尘劳作伴侣，欲界且不能超，况色界与无色界乎？"众中闻之，惕然怆悔，如梦复醒，若有更新之意。明发，汝基偕举人王作霖、吴中英诸友相随趋滁阳，谒先师新祠于紫薇泉上。渐庵、五台二丈偕同门老友孟子两峰，相率滁中同志士友八十余人及州僚学博，咸集祠中。

　　渐庵丈首扣吾儒与佛氏同异之旨。予曰："岂易言也？未涉斯境，妄加卜量，谓之绮语。无已，请举吾儒所同者与诸公商之。儒学明，佛学始有所证，毫厘同异始可得而辨也。人受天地之中以生，所谓性也。良知者，性之灵，即《尧典》所谓‘俊德’。明俊德即是致良知，不离伦物感应，原是万物一体之实学。亲九族是明明德于一家，平章百姓是明明德于一国，协和万邦是明明德于天下。亲民正所以明其明德也，是为大人之学。佛氏明心见性，自以为明明德，自证自悟，离却伦物感应，与民不相亲，以身世为幻妄，终归寂灭。要之不可以治天下国家，此其大凡也。且天地间生人不齐，不问中国外夷，自有一种清净无为之人。唐虞在上，下有巢由。中国巢由之辈，即西方之佛徒也。儒学明，有圣人主持世教，爱养此辈，如乔松贞璞，偃仰纵恣，使各得以遂其生，无所妨夺，大人一体曲成之仁也。圣学衰，此辈始来做主称雄。号为儒者，仅仅自守，不复敢与之抗，甚至甘心降服，以为不可及，势使然也。若尧舜姬孔诸圣人之学明，自当保任廓清，光复旧物，虽有活佛出世，如唐虞之有巢许，相生相养，共证无为，无复大小偏全之可言。缘此灵性在天地间，各各具足，无古今，无内外，浑然一体。在上则为君为相，都俞吁咈，以主持世教；在下则为师为友，讲习论辨，以维持世教。师友之功与君相并，统体源流，各有端绪，未尝一日亡也。不此之务，而徒纷纷同异之迹，与之较量，抑末也已！"

问者曰："佛氏上报父母之恩，下乐妻孥之养，未尝遗弃伦理，是世出世法。只缘众生父子恩重，夫妇情深，佛氏恐其牵缠相续不断，为下根众生说法，立此戒门，所谓权也。若上根人，无欲应世，一切平等，即淫、怒、痴为戒、定、慧，所谓实也。"予曰："佛氏虽上报四恩，终是看得与众生平等，只如舜遇瞽瞍，号泣怨慕，引咎自责，至不可以为人，佛氏却便以为留情着相。天地细缊，万物化生，此是常道。佛氏虽乐有妻子，终以断淫欲为教门。若尽如佛教，种类已绝，何人传法度生？所谓贤知者之过也。"

问者曰："佛氏普度众生，至舍身命不惜，儒者以为自私自利，恐亦是扶教护法之言。"予曰："佛氏行无缘慈，虽度尽众生，同归寂灭，与世界冷无交涉。吾儒与物同体，和畅讫合，盖人心不容已之生机，无可离处，故曰：'吾非斯人之徒与而谁与？'裁成辅相，天地之心，生民之命，所赖以立也。"

五台问："先师格物之说与后儒即物穷理不同，

已信得及，但格物意义尚未明了。"予曰："格物之物是应感之实事，从无声无臭凝聚出来，合内外之道也。致知不在格物，便会落空。良知是寂然之体，物是所感之用，意是寂感所乘之机。机之所动，万变不齐，莫非良知之妙应。用功只在格物上，使舜不遇瞽瞍，则孝之物有未格；周公不遇管蔡，则弟之物有未格；汤武不遇桀纣，则忠之物有未格。格物所以致其良知也。"

两峰问曰："《大学》首三条，闻先师有圣人、贤人、学者之分，何如？"予曰："《大学》是大人之学，对小人而言。大人以天地万物为一体，明德是立一体之体，亲民是达一体之用，止至善是体用一原，明德、亲民之极则也。此是即本体为功夫，圣人之学也。因学者未悟至善之体，又提出知止一段工夫。人心无欲则止，有欲则迁。知止即是致知、格物，定、静、安即是诚意、正心、修身，虑是与万物相感应，即是齐家、治国、平天下，得者，得《大学》之道也。又因学者未悟知止之功，故复说出先后次第，以示学者用功之序。此学者之事也。本体功夫，浅深难易，虽有不同，及其成功一也。"

又问曰："文公格物之义有四，非止一草一木上去格，亦是身心应感切实功夫。"予谓："先师格物亦未尝外此四者，但于其中提出主脑，功夫始有归着。圣人之学，只是察诸念虑之微。凡文字、讲论、事为皆在念虑上察，以致其知，此便是学问主脑。若作四项用功，即为支离之学矣。"

成山王子问曰："颜子不迁怒、不贰过，晦庵训解，或非本意。"予曰："颜子不迁不贰，有未发之中始能。颜子心常止，故能不迁；心常一，故能不贰。常止常一，所谓未发之中也。颜子发圣人之蕴，此是绝学，故曰'今也则亡，未闻好学者也'。若如所解，原宪诸贤皆能之，何以谓之绝学？"

时有山人谈佛学，诵《金刚经》，未明三心之义，请问。时方与山人对食，予谓："即此可以证明，念是心之用，未有无念之心。从前求食之念已往，便是过去心不可得；从后欲食之念未生，便是未来心不可得；只今对食之念本空，便是见在心不可得。此是无所住真心，不着四相，若有所得，即有所住、有所着矣。"

山人又问有为法中六如之义。予谓："人在世间，四大假合而成，如梦境，如幻相，如水上泡，如日中影，如草头露，如空里电，倏忽无常，终归变灭。惟本觉无为真性，万劫常存，无有变灭。大修行人作如是观，即有为而证无为，世出世法。若外有为别求无为，是二乘见解，非究竟法也。"

山人问大丹之要。予曰："此事全是无中生有，一毫查滓之物用不着。譬之蜣螂转丸，丸中空处一点虚白，乃是蜣螂精神会聚所成，但假粪丸为之地耳。虚白成形而蜣螂化去，心死神活，所谓脱胎也。此是无中生有之玄机，先天心法也。养生家不达机窍，只去后天查滓上求造化，可谓愚矣。"

友人问："先正云：'佛老之学有体而无用，申韩之学有用而无体，圣人之学体用兼全。'何如？"予谓："此说似是而非。佛老自有佛老之体用，申韩自有申韩之体用，圣人自有圣人之体用，天下未有无用之体、无体之用也。故曰体用一原。"

友人问："白沙教人'静中养出端倪'，何如？"予曰："端即善端之端，倪即天倪之倪，人人所自有，然非静养则不可见。泰宇定而后天光发，此端倪即所谓把柄。用功得把柄，方可循守。不然，未免茫荡无归。不如直指良知真头面，尤见端的，无动无静，无时不得其养，一点灵明，照彻上下，不致使人认光景意象作活计也。"

友人问："寻常闲思杂虑，往来憧憧，还须禁绝否？"予谓："心之官则思，思原是心之职。良知是心之本体，潜天而天，潜地而地，根底造化，贯串人物，周流变动，出入无时，如何禁绝得他？只是提醒良知真宰，澄莹中立。譬之主人在堂，豪奴悍婢自不敢肆，闲思杂虑从何处得来？"

友人问："'行不著，习不察'，旧说'著是知其所当然，察是识其所以然'，何如？"予谓："此后世之学专在知识上求了。著是《中庸》形著之著，察是《中庸》察乎天地之察，乃身心真实受用，终身由之不知其道，即百姓日用而不知也。若只在知识寻求，于身心有何交涉？"

友人问："学者用功病于拘检，不能洒落；才要严肃，又病于纵放。如何则可？"予谓："不严肃则道不凝，不洒落则机不活。致良知工夫，不拘不纵，自有天则，自无二者之病，非意象所能加减，所谓并行不相悖也。"

友人述上蔡讲一部《论语》，证以"师冕"一章之义，请问。予谓："一部《论语》为未悟者说，所谓相师之道也。故曰及阶、及席，某在斯、某在斯，一一指向他说。若为明眼人说，即成剩语，非立教之旨矣。"

予谓："千圣同堂而坐，其议论作为必不能尽同。若其立命安身之处，则有不容毫发差者。只如武王不葬而兴师，夷齐叩马而谏，二者若水火之不相入，然同谓之圣，何也？使武王有一毫为利之心，不出于救生民，夷齐有一毫好名之心，不出于明大义，则是乱臣浅夫之尤者也。此可以为观人之法。"

友人问："颜子没而圣学亡，毕竟曾子、孟子所传是何学？"予谓："此须心悟。曾子、孟子尚有门可入，有途可循，有绳约可据。颜子则是由乎不启之扃，达乎无辙之途，固乎无藤之缄。曾子、孟子犹为有一之可守，颜子则并一忘之矣。'喟然'一叹，盖悟后语，无高坚可着，无前后可依，欲罢而不能，欲从而无由，非天下至神，何足以与此？"

友人问象山"耳自聪，目自明，事父自能孝，事兄自能弟，本无欠缺，不必他求"之义。予谓："良知不学不虑，本来具足。譬之耳目，耳有壅塞始不能聪，目有障蔽始不能明，去其壅蔽则聪明自复，不必他求也。故学者复其不学之体而已，虑者复其不虑之体而已。外良知而有学有虑，是求复聪明于外也。若不务壅蔽之去，漫然号于人'吾之聪明本如是'，则又非立教之本旨矣。"

友人问象山"在人情事势物理上做工夫"。予谓："事势物理只在人情中，此原是圣门格物宗旨。世儒顾指为禅学，未之深考耳。"

友人问明道"吟风弄月以归，有吾与点之意"。予谓："学者须识得与点之意，方是孔门学脉，方为有悟。伊川后来却失了。伊川平生刚毅，力扶世教，以师道为己任。明道自以为有所不及，不知明道乃是巽言讽之，惜乎伊川未之悟也。学问到执己自是处，虽以明道为兄，亦无如何，况朋友乎？"

友人问束书不观，游谈无根。予谓："吾人时时能对越上帝，无间漫之时，然后可以无借于书。书虽是糟粕，然千古圣贤心事赖之以传。圣贤先得我心同然，有印证之义，其次有触发之义，其次有栽培之义，何病于观？但泥于书而不得于心，是为《法华》所转，与游谈无根之病其间不能以寸，不可不察也。"

友人问："象山云：'秦不曾坏了道脉，至汉而大坏。'何如？"予谓："祖龙焚书亦暗合删述之意，不合焚了《六经》，道脉未尝坏。汉儒将圣门道术著为典要，变动周流之旨遂不复见于世，迹是情非，所以大坏。"

友人问："象山云：'学者不可用心太急。深山有宝，无心于宝者得之。'"予谓："人心如天枢之运，一日一周天。紧不得些子，慢不得些子，紧便是助，慢便是忘。故曰'天行健，君子以自强不息'。不紧不慢，密符天度，以无心而成化，圣学之的也。"

友人问狮子捉兔捉象皆用全力。予谓："圣贤遇事，无大小，皆以全体精神应之。不然，便是执事不敬。善射者，虽十步之近，亦必引满而发，方是彀率。康节云：'唐虞揖让三杯酒，汤武征诛一局棋。'须知三杯酒亦用却揖让精神，一局棋亦用却征诛精神，方是全力，方是无敢慢。"

友人问："象山云：'人情物理之变，何可胜穷？稷之不能审于八音，夔之不能详于五种，可以理揆。伏羲之时未有尧之文章，唐虞之时未有成周之礼乐，非伏羲之智不如尧而尧舜之智不如周公。古之圣贤更续，缉熙之际，尚可考也。'"予谓："物有本末，事有终始。尧舜之知而不遍物，若其标末，虽古之圣人不能尽知也。王泽之竭，利欲日炽，先觉不作，民心横奔，浮文异端转相荧惑，趋为机变之巧，以虚诞相高。后世耻一物之不知，亦耻非所耻，而耻心亡矣。"

友人问象山云"古先圣贤无不由学。伏羲尚矣，犹以天地万物为师。人生不知学，学而不求师，其可乎哉"。予谓："秦汉以来，学绝道丧，世不复有师，至宋始复有师。学者不求师与求而不能虚心以听，是乃学者之罪。学者知求师矣，能虚心矣，所以导之者非其道，则师之罪也。先师首揭良知之教以觉天下，学者靡然宗之，此道似乎大明于世，然而世之学者真能致其良知者有几？其间致疑于良知，惑于似是而非者亦且数端：或以良知为已发，更求未发以为归寂之体；或以良知未足以尽天下之变，必假知识助发之以为应感之用；或谓良知本来完具，无待于致而后足；或谓世间无有现在良知，必用苦功致之而后全。凡此皆似是之疑，不可以不辨也。知之一字，入圣之机。所谓良知者，不学不虑，乃天所为，正所谓未发也，于此而更求归寂之体，则将入于杳冥矣。谓良知为已发者非也。尽天下之变，不出善恶，尽天下之善恶，不出是非。良知知是知非，乃见天则，以其虚也。目惟虚故能辨黑白，耳惟虚故能辨清浊，良知惟虚故能辨是非。若谓良知不足以尽变，必假助于知识，是涂黑白于目以为视，聒清浊于耳以为听，非惟不足以全耳目之用，而聪明反为所蔽矣。谓良知有待于助发者非也。良知虽本来完具，而蔽于意欲，未免有失，必用致知之功，绝意去欲，始能复其本来之体。不然，愈蔽愈失，将不复有存矣。谓良知不待致而自足者非也。乍见孺子入井，必有怵惕恻隐之心，乃良知也，终始保任以全其乍见之良，不使纳交、要誉、恶声之念搀入其中，便是致知之功，非有借于修证也。乍见之心，先王与今人未尝不同。譬之昭昭之天与广大之天未尝异也，不知致之，则不免为二念所杂。若曰现在良知与圣人不同，必待用却苦功而后能全，则是良知有待于修证，非本来至虚之体矣。谓良知有待于致而后全者非也。吾人服膺良知之训，幸相默证以解学者之惑，务求不失师门宗旨，庶为善学也已。"

友人问象山、晦庵无极太极之辨。予谓："象山、晦翁往复辨难，莫详于论无极数书。某尝以质于先师，师曰：'无极而太极，是周子洞见道体，

力扶世教，斩截汉儒与佛氏二学断案，所谓发千圣
不传之绝学。朱陆皆未之悉也。'夫无极而太极，
而阴阳、五行、万物，自无而达于有，造化之生机
也。万物、五行、阴阳、太极而无极，自有而归于
无，造化之杀机也。生机为顺，杀机为逆。一顺一
逆，造化之妙用。故曰'易，逆数也'。象山以无
极之言出于老氏，不知孔子已言之矣。其曰'易有
太极''易无体'，无体即无极也。汉儒不明孔氏
之旨，将仁义忠孝、伦物度数、形而下者著为典
要，索于刑名器数之末，一切皆有定理，以为此为
太极也，而不知太极本无极，不可得而泥也。佛氏
之徒见圣人之学拘挛执滞，不能适变，遂遗弃伦物
器数，一归于空，以为此无极也，而不知无极即太
极，不可得而外也。一以为有物，一以为无始。一
则求明于心而遗物理，一则求明物理而外于心。所
趋虽殊，其为害道而伤教均也。周子洞见其弊，故
特揭此一言以昭来学，真良工苦心也。象山谓
'《通书》未尝言无极'，不知《圣学篇》'一者无
欲也'，一即太极，无欲即无极，周子已发之矣。
晦翁恐太极沦于一物，力争无极以为纲维，而不知
无极果为何物。'圣人定之以中正仁义而主静，立

人极焉。'中正仁义所谓太极，静者心之本体，无欲故静，无欲即无极。主静所谓无极也。朱子乃以主静属之动静之静，分仁义为动静，众人失之于动，圣人本之于静，自陷于支离而不自觉矣。故曰：'言有无，诸子之陋。'"

友人传京师士夫议阳明先师之学，亦从葱岭借路过来。予谓："此似是而非。非惟吾儒不借禅家之路，禅家亦自不借禅家之路。昔香严童子问伪山'西来意'，伪山曰'我说自我的，不干汝事'，终不加答。后因击竹证悟，始礼谢。禅师当时若与说破，岂有今日？故曰：'丈夫自有冲天志，不向如来行处行。'岂惟吾儒不借禅家之路，吾儒亦自不借吾儒之路。今日良知之说，人孰不闻，却须自悟，始为自得。自得者，得自本心，非得之言也。圣人先得我心之同然，印证而已，若从言句承领，门外之宝终非自己家珍。人心本来虚寂，原是入圣真路头，虚寂之旨，羲、黄、姬、孔相传之学脉，儒得之以为儒，禅得之以为禅。故非有所借而慕，亦非有所托而逃也。若夫儒释公私之辨，悟者当自得之，亦非意识所能分疏也。"

友人问曰："天下皆传致良知之学。古今事物之变无穷，若谓单单只致良知便了当得圣学，实是信不及。"予谓："此非一朝夕之故，不但后世信此不及，虽在孔门，子贡、子张诸贤便已信不及，未免外求，未免在多学、多闻、多见上凑补助发。当时惟颜子信得此及，只在心性上用功，孔子称其好学，只在自己怒与过上不迁不贰，此与多学、多闻、多见有何干涉？孔门明明说破，以多学而识为非，以闻见择识为知之次。所谓一，所谓知之上，何所指也？孟子愿学孔子，提出良知示人，又以夜气虚明发明宗要，只此一点虚明便是入圣之机，时时保任此一点虚明，不为旦昼牯亡，便是致知，只此便是圣学。此学原是无中生有，颜子从里面无处做出来，子贡、子张从外面有处做进去，无者难寻，有者易见。故子贡、子张一派学术流传后世，而颜子之学遂亡。后之学者沿习多学、多闻、多见之说，乃谓初须多学，到后方能一贯；初须多闻多见，到后方能不借闻见而知，此相沿之弊也。初学与圣人之学只有生熟不同，前后更无两路。若有两路，孔子何故非之，以误初学之人，而以闻见为第二义？在善学者默然而识之。齐王见堂下之牛而觳觫，凡人见入井之孺子而怵惕，行道乞人见呼蹴之食而不屑不受，天机神应，人力不得而与，岂待平时多学而始能？充觳觫一念，便可以王天下；充怵惕一念，便可以保四海；充不屑不受一念，义便不可胜用。此可以窥孔孟之宗传矣。"

友人问："古人云'一得永得'，既得矣复有所失，何也？"予谓："吾人之学患无所得，既得后，保任工夫自不容已。且道得是得个怎么，此非意解所及，择乎中庸，不能期月守，便是忘却保任工夫，亦便是得处欠稳。在尧舜兢业无怠无荒，文王勉翼亦临亦保，方是真得，方是真保任。学至大成，始能强立不反。放得太早，自是学者大病，吾侪所当深省也。"

友人问河图、洛书之义。予谓："造化之机，一顺一逆而已。河图为顺，洛书为逆。顺为生机，逆为杀机。顺而不逆，则无以成化育之功。河图左旋，洛书右转，天水违行之象。故曰：'易，逆数也。'其用逆而其机则顺也。不翕聚则不能发散，杀者所以为生也。世传金册用逆，不知吾儒之学亦全在逆。颜子'四勿'，便是用逆之数。收视反听，谨言慎动，不远而复，所以修身也。图、书五皆居中，而一皆居下者，此尤造化示人之精蕴。五居中者，人受天地之中以生也。一居下者，即五中之一点也。万物发用在中而根荄在下。'雷在地中，复。'阳气潜孚于黄钟之宫，君子以此洗心，退藏于密，《乾》之初爻曰'潜龙勿用'，阳在下也。《乾》之勿用即图、书之一也，即复之初也，其旨深矣。旧曾与荆川子论及此，后儒不原古人画卦叙畴之本旨，不明顺逆之机，纷纷泥于方位象数之说，牵补附会，无益于学，其亦陋矣。"

予谓两峰曰："自先师拈出良知教旨，学者皆知此事本来具足，无待外求。譬诸木中有火，矿中有金，无待于外烁也。然而火藏于木，非钻研则不出；金伏于矿，非锻炼则不精。良知之蔽于染习，犹夫金与火也。卑者溺于嗜欲，高者牿于意见，渐渍沦浃，无始以来之妄缘，非苟然而已也。夫钻研有窍，锻炼有机。不握其机，不入其窍，漫然以从事，虽使析木为尘，碎矿为粉，转展烦劳，只益虚妄。欲觅金火之兆征，不可得也。寂照虚明，本有天然之机窍，动于意欲，始昏始蔽。消意遣欲，存乎一念之微，得于罔象，非可以智索而形求也。苟徒恃见在为具足，不加钻研之力；知所用力矣，不达天然之义，皆非所谓善学也。不肖与兄同事夫子，亲承指授，非泛然私淑之比。相马者得于骊黄之外，斲轮者悟于疾徐之间。哲人虽逝，遗教犹存。数十年来所作何务？悠悠卒岁，思之惘然，所望彼此征迈，不以耄而自弃，启玄窍，窥神机，一洗妄缘，证取本来面目，毋使西河致疑于夫子，庶为报答师恩耳。"

予谓五台曰："佛氏以生死为大，吾儒亦未尝不以为大。原始反终，故知生死之说。'未知生，焉知死'乃真实不诳语。孔氏以后任生死者不为无人，说到超生死处实不易得。任则敦行者皆可能，超非大彻悟不能也。佛原是上古无为圣人，后世圣学不明，故佛学亦晦。吾人为此一大事出世一番，原是为天地立心、为生民立命。既幸有闻，岂容自诿？今日良知之学原是范围三教宗盟，一点灵明，充塞宇宙，羲皇、尧舜、文王、孔子诸圣人皆不能外此别有建立。灵性在宇宙间，万古一日，本无生死，亦无大小。圣学衰，佛氏始入中国主持世教。时有盛衰，所见亦因以异，非道有大小也。谓孔子之道大于佛，固不识佛；谓佛之道大于孔子，尤不识孔子。吾世契崇信孔氏，复深于佛学，一言轻重，世法视以为向背。自今以后，望专发明孔氏以上诸圣大宗，立心立命，以继绝学而开太平，弗多举扬佛法，分别大小，以骇世听。非有所避忌，随时立教，法如是故也。圣学明，则佛学不待阐而自明矣。若夫同异毫厘之辨，存乎自悟，非可以口舌争也。"

予赴会南滁，适淮上敬所中丞遣使相迎，附至山中，随笔中有于此学相发者点掇一二，与会中诸友商也。

心之体不可言，圣人未尝言，独于《易》言"寂然不动，感而遂通天下之故"。心之体用，不过一感一应。古今言心者尽于此矣。六十四卦，惟《艮》与《咸》取象于人身。艮，止也，不动也；咸，感也，感通也。止之体不可容言，而思之用则人生日用之所以不穷，皆心主之。思者，心之职也。日月寒暑、尺蠖龙蛇之屈信启蛰，极而至于穷神知化，皆不出乎此。寂非证灭也，感非起缘也。即寂而感行焉，寂非内也；即感而寂存焉，感非外也。是谓常寂常感，是谓无寂无感。心岂肉团之谓哉？圣人之意微矣。

天地生物之心，以其全付之于人而知也者，人心之觉而为灵者也。从古以来，生天生地、生人生物皆此一灵而已。孟子于其中指出良知，直是平铺应感，而非思虑之所及也。良知不外思虑，而思虑却能障蔽良知，故孟子尤指其不虑者，而后谓之良。见孺子入井而怵惕，良知也，而纳交要誉恶其声，则虑矣；见呼蹴而不屑不受，良知也，而宫室妻妾得我而为之，则虑矣。故曰"天下何思何虑"，此正指用功而言，非要其成功也。

二氏之学与吾儒异，然与吾儒并传而不废，盖亦有道在焉，均是心也。佛氏从父母交媾时提出，故曰"父母未生前"，曰"一丝不挂"，而其事曰"明心见性"。道家从出胎时提出，故曰"囟地一声，泰山失足"、"一灵真性既立，而胎息已忘"，而其事曰"修心炼性"。吾儒却从孩提时提出，故曰"孩提知爱知敬"、"不学不虑"，曰"大人不失其赤子之心"，而其事曰"存心养性"。夫以未生时看心，是佛氏顿超还虚之学；以出胎时看心，是道家炼精气神以求还虚之学。"良知"两字，范围三教之宗。良知之凝聚为精，流行为气，妙用为神，无三可住，良知即虚，无一可还，此所以为圣人之学。若以未生时兼不得出胎，以出胎时兼不得孩提。孩提举其全，天地万物，经纶参赞，举而措之，而二氏之所拈出者未尝不兼焉，皆未免于臆说。或强合而同，或排斥而异，皆非所以论于三教也。

先天之学，天机也。邵子得先天而后立象数，而后世以象数为先天之学者，非也。庄子曰"于庖丁得养生焉"，夫目无全牛，非脉理众解之谓也，故曰"官知止而神欲行"，大约谓知天机者见在物先，犹言见天地万物变化生死之关键在吾目中，犹庖丁见牛脉理之明也，故曰"邵子窃弄造化"。"一阴一阳之谓道"，冲漠无朕之初也；"继之者善"，先天流行之气也；"成之者性"，则人物受之以生，后天保合居方之质也。然虽各一其性，而所谓道与善者未尝不具于其中，非后天之外别有先天也。道即阴阳冲和之本体，继善则其生生不息之真机。圣人说造化，只从人身取证，故曰"近取诸身"，非空说造化也。孟子性善之论盖本诸此。人能知性善而完复于道，则是仁者见之谓之仁，知者见之谓之知。以欲混之，则百姓日用而不知。故曰"君子之道鲜矣"。

戒慎工夫直是从炯然无欲，真心见前，便是达天德。此功夫极细密，不容有一毫加减。加即助，减即忘。佛氏谓静曰灭动不灭照。夫静中无朕，何者为动，何者为照？而又一心以灭之，则已不胜其忧矣，又安能静也？观喜怒哀乐未发以前气象，义固类此。①

友人看《圆觉经》，举"地水风火四大假合而生，四大分离而死"请问。予谓："不待生死界头始知，即见在一念便可证取。世人妄认四大为身，故有生死相，一念偪塞便是地来碍，一念流浪便是水来浸，一念躁妄便是火来焚，一念踔举便是风来飘。若一念明定，不震不惊，当下超脱，不为四大所拘管，本无离合，宁有死生之期？方不负大丈夫为此一大事出世一番也。"

虹峰文宗相期尹洞山、大宗伯傅少岩、大司空徐凤竹、少司空万履庵、大司成大廷尉陶泗桥、京兆杨溯川、鸿胪刘小鲁、同卿五台诸公会于崇正书院。洞山公首举先师语庄渠"心常动"之说，有诸？予曰："然。庄渠为岭南学宪时，过赣。先师问子才：'如何是本心？'庄渠云：'心是常静的。'

---

① "灭动""灭照""灭之"，原误作"减"，今据《全集》本卷七《南游会纪》改。

先师曰：'我道心是常动的。'庄渠遂拂衣而行。末年，予与荆川请教于庄渠。庄渠首举前语，悔当时不及再问，因究其说。予曰：'是虽有矫而然，其实心体亦原是如此。天常运而不息，心常活而不死。动即活动之义，非以时言也。'因请问'心常静'之说，庄渠曰：'圣学全在主静，前念以往，后念未生，见念空寂，既不执持，亦不茫昧，静中光景也。'又曰：'学有天根，有天机。天根所以立本，天机所以研虑。'予因请问：'天根与邵子同否？'庄渠曰：'亦是此意。'予谓：'邵子以一阳初动为天根，天根即天机也。天根、天机不可并举而言，若如此分疏，亦是静存动察之遗意。悟得时，谓心是常静亦可，谓心是常动亦可，谓之天根亦可，谓之天机亦可。心无动静，动静，所遇之时也。'"

少岩举后渠序《杨子折衷》，以慈湖为灭意，与不起意本旨同否？予谓："意是本心自然之用，如水鉴之应物，变化云为，万物毕照，未尝有所起也。离心起意即为妄，有起而后有灭，万欲皆从意生。本心自清自明，虚灵变化，妙应无方，原未尝起，何待于灭？或以不起意为不起恶意，非也。善与恶对，心本无恶，虽善意亦不可得而名，是谓至善。有善可为，是谓义袭，非慊于心也。或以不起意非初学所能及，亦非也。初学与圣人之学只有生、熟、安、勉，原无二致，及其知之成功，一也。昔上蔡举'何思何虑'请正伊川，伊川以为'说得太早'，既而曰'却好用功'，则已自悔其说之有未尽矣。或以慈湖之学为禅，亦非也。慈湖之学得于象山，慈湖举本心为问，象山以扇讼是非启之，恍然自悟，乃易简直截根源。荆门之政几于三代，儒者有用之学也。知不起意之说，则知今日诚意致知之旨矣。""然则慈湖疑正心、洗心皆非圣人之言，何也?"予曰："此是慈湖执见未化。古人垂训，皆因病立方。人心溺于染习，不能无邪无垢，故示以正心、洗心之方。病去则药除，所谓权法也。象山谓'予不说一，敬仲尝说一'，便是一障。先师谓'慈湖见得无声无臭之旨，未能忘见'，未免为无声无臭所碍，将古人教法尽与破调，则'不起意'三字亦剩语矣。要之，大本大原乃是入圣真脉路，瑕瑜自不相掩也。"

司成万履庵携酒承恩方丈就馔。予谓："履庵是荆川入室宗盟。荆川平生立心如玉洁，制行如金刚，岂有一毫依附之意？但看得自己太高，以为得孔老师把柄，随处运得转，做得去，投在他人怀里，要去转他。不知脚跟未稳，实反被他转，不得脱身。要之还是致知工夫未透彻。在荆川开府维扬时，邀予往会，时已有病，遇春汛，日日坐堂治命，将遣师为防海之计。一日退食，笑谓予曰：'公看我与老师之学有相契否？'荆川信自己作用可拟先师，故为此问。予故激之曰：'子之力量固自不同，若说良知，还未致得在。'荆川作色曰：'我平生佩服阳明之教，满口所说，满纸所写，那些不是良知？公岂欺我耶？'予笑曰：'难道不是良知？只未致得真良知，未免搀和在。'荆川愤然不服，云：'试举看。'予谓：'适在堂遣将时，诸将校有所禀呈，辞意未尽，即与拦截，发挥自己方略，令其依从，此是搀入意见，心便不虚，非真良知也。将官将地方事体请问某处该如何设备，某事如何追摄，便引证古人做过勾当，某处如此处，某事如何处，自家一点圆明反觉凝滞，此是搀入典要，机便不神，非真良知也。及至议论未合，定着眼睛沉思一回，又与说起，此等处认作沉几研虑，不知此已搀入拟议安排，非真良知也。有时奋掉鼓激，厉声抗言，使若无所容，自以为威严不可犯，不知此是搀入气魄，非真良知也。有时发人隐过，有时扬人隐行，有时行不测之赏，加非法之罚，自以为得好恶之正，不知自己灵根已为摇动，未免有所作，非真良知也。他如制木城、造铜面、畜猎犬，不论势之所便、地之所宜，一一令其如法措置，此是搀入格套，非良知也。尝曰：我一一经营，已得胜算，猛将如云，不如着一病都堂在阵。此是搀入能所，非真良知也。若是真致良知，只宜虚心应物，使人人各得以尽其情，能刚能柔，触机而应，迎刃而解，更无些子搀入。譬之明镜当台，妍媸自辨，方是经纶手段。才有些子才智伎俩与之相形，自己光明反为所蔽，口中说得十分明白，纸上写得十分详尽，只成播弄精魂，非真实受用也。'荆川怃然曰：'吾过矣。'友道以直谅为益，非虚言也。今与履庵说破，非是称讥往事，心同学同，亦欲因以自考交修之义也。"

履庵邀予曾宿观光馆中，予扣近来新功，履庵若谦让未遑。履庵一生冲淡谦抑，无一毫竞进之心，见之使人躁心自消。然未肯出头担荷世界，亦在于此。荆川每每激发，欲其开展任事。既为入室宗盟，此等处未可轻轻抹过。大丈夫出世一番，自有见在合干的事。身为国师，以教人为职，教学相长，学不厌，教不倦，原非两事，其机只在默识。内以成己，外以成物，合内外之道也。昔者泉翁及东廓、南野诸公为大司成，与诸生轮日分班讲学、歌诗、习礼，示以身心之益，弦诵之声达于四境，翕然风动。岂必人人皆能发真心、修实行？树之风声，以为之兆，其职固所以自尽。若徒循资格、了升散、绝馈遗、谨约束，使人无破绽可举，作自了汉，非所望于有道也。

侍御湛台胡子出差方回，候于承恩寓所，自晨抵暮，闻予宿履庵馆中，即趣宿鸡鸣方丈，次早造馆求见。十年相别，叙寒燠外，汲汲以问学求印证，复期过私第请教，其志可谓切矣。湛台谓："与师相别多年，所闻良知之教，时时不敢忘，一切应用逆顺好丑起倒不常，才欲矜持，似觉拘迫，才欲舒展，又觉散缓，未得个恰好处。勘来勘去，只是致良知工夫无病痛，故近来一意只是致良知。虚灵应感，自有天则，制而不迫，肆而不荡，日觉有用力处，日觉有得力处。以此就正，更望有以进之。"噫！若湛台，可谓善学矣。良知无尽藏，致知工夫亦无尽藏。古云"百尺竿头，更尽一步"，四面虚空，从何处着脚？闻以有翼飞者矣，未闻以无翼飞者也。于此得个悟入，方为究竟法。待子更用工夫，火力具足，当储天泉勺水与子沃之，未晚也。

对山林翁出访，见余容色未衰，叩余有术乎。予曰："无之。所守者，师承之学耳。养德、养身，原无二学。未发之中，千古学脉。医家以喜怒过纵为内伤，忧思过郁为内伤。纵则神驰，郁则神滞，皆足以损神而致疾。眼视色不知节，神便着在色上；耳听声不知节，神便着声上。久久皆足以伤生致疾，人但不自觉耳。时时戒惧，不纵不郁，聪明内守，不着于外，始为未发之中。有未发之中，始有发而中节之和。神凝气冲，纲缊䜣合，天地万物且不能违，此是先天心法，保命安身第一义。不肖盖学而未能也。世间小术皆是后天查滓，名为养生，实则戕生之媒，公殆勘破久矣，不足学也。"

诸公谓所论致知格物之义，尚信未及。余曰："不是说了便休，有诸己，方谓之信。诸公试验看：日逐应感，视听喜怒，那些不是良知觉照所在？应感上致此良知，便是格物。一时不致良知，视便妄视，听便妄听，喜便妄喜，怒便妄怒，便不是格物之学。推之一切应感，食息动静、出处去就，无不皆然。良知即天，良知即帝。顾天明命者，顾此也；顺帝之则者，顺此也。人生一世只有这件事，得此把柄入手，方能独往独来，自作主宰，不随人悲笑，方是大豪杰作用，区区爱助之诚也。"

虬峰文宗问未发之旨。予谓："此是千圣秘密藏，不以时言，在虞廷谓之'道心之微'，不与已发相对。微是心之本体，圣人不能使之著，天地亦不能使之著，所谓'无声无臭'是也。若曰微者著，即落声臭，非天载之神矣。吾人之学，须时时从此缉熙保任，方是端本澄源之学，勃然沛然，自不容已。若只从意识见解领会，转眼还迷，非一得永得也。"虬峰怃然曰："何幸闻此极则事！自今当知所用力矣。"予谓："意识则非默识，见解则非玄解，此后儒之通病。公既勘破未发之机，更当有所请也。"

洞山、少岩、凤竹三公为主，相期小九卿掌科诸公大会于东园，小鲁请于予曰："朋友讲习，丽泽之益也。古者于旅也语，今日之会，不可以无言。"予默而不答。尝闻之，讲学有二：有讲以身心者，有讲以口耳者。诸公衰然聚于一堂，神肃气冲，一念兢兢，如见如承，揖让酬献，笑语周旋，秩然皆中于度，无过可举，身心之益，莫大于是，只此是学。使平时应感皆如今日，勿以怠心习气乘之，便可以证圣功，不但寡过而已。若于此复欲有言，非赘则狂矣。诸公戏之曰："不讲之讲，乃真讲也。"

虹峰文宗选集学中诸生三百余人，大会于至公堂，次复大会于明伦堂，次复集各府优等在院诸生会于明道书院，令诸生席地坐听，每为诸生启请，间举五经、四书微旨以求开演，或令诸生各举所见所疑以求折衷。且谓："经师易得，心师难遇。时时纵谀，以坚向信之志。"诸生貌肃听专，神与偕来，翕然有风动之机，在文宗可谓有撤皋之勇。愧不肖非程伯子，无以仰承大美耳。因述诸生答问之语，纂录如左，以见一时合并之义。诸生能体谅文宗作兴之意，举业外得个入路，使有补于身心，方为不孤负耳。

友人问颜子屡空之义。予谓："古人之学，只求日减，不求日增，减得尽便是圣人。一点虚明，空洞无物，故能备万物之用。目无一色，故能备万物之色，耳无一声，故能备万物之声，空故也。圣人常空，颜子知得减担法，故庶乎屡空。子贡、子张诸人便是增了。颜子在陋巷，终日如愚，说者谓与禹稷同道。吾人欲学颜子，须尽舍旧见，将从前种种闹攘伎俩尽情抛舍，学他如愚，默默在心地上盘桓，始有用力处。故曰'为道日损'。若只知识闻见上拈弄，便非善学。"问者曰："然则废学与闻见方可以入圣乎？"予曰："何可废也！须有个主脑在，今事变无穷，得了主脑，随处是学，多识前言往行所以畜德。畜德便是致良知。舜闻善言、见善行，沛然若决江河，是他心地光明，圆融洞彻，触处无碍，所以谓之大知，不是靠闻见帮补些子，此千圣学脉也。"

友人问："《乾》之用九，何谓也？"予曰："用九是和而不倡之义。若曰阳刚不可为物先，则乾非全德矣。吾人之学，切忌起炉作灶。惟其和而不倡，故能时乘御天，应机而动，故曰'乃见天则'。吾人有凶有咎，只是倡了。孔子退藏于密，得用九之义。"又云："'首出庶物'，何谓也？"曰："乾体刚而用柔，坤体柔而用刚。首出者，刚之体也；无首者，柔之用也。用柔即乾之坤，用六永贞即坤之乾，乾坤合德也。"

友人问作文之法。予曰："尝闻之，古人作文，全要用虚。古今好文字足以有传，未有不从圆明一窍中发来。行乎所当行，止乎所不得不止，一毫意见不得而增减焉。只此是作文之法，只此是学。"

诸公举王遵岩序《孔孟图考》："仲尼独为万世仁义礼乐之主，何也？既开堂设科以来，四方之士复终岁周流四方，随地开讲，举一世之人莫不欲使之共学。故上则见其邦君，中则友其公卿大夫，下则进其凡民，如耦耕荷蓧之丈人、挐舟之渔父、阙党互乡之童子，皆有意焉。所接莫非人，则亦莫非学也。"予谓："孔子与举世相接，固不能人人之必进此道也。遇其邦君卿大夫而得一二人焉，而学明于上矣；遇其凡民之父兄子弟而得一二人焉，而学明于下矣。问聘之所及，光辉之所见，启发掖引之机，在乡满乡，在国满国，未尝一日不与人相接，固以此为易天下之道也。史迁之知不足以及此，谓'往来列国，皆以求仕，至于七十二君而不遇'，可鄙也已！"诸公因谓予曰："子之出游，亦窃似之。"予曰："'鸟兽不可与同群，非斯人而谁与'，原是孔门家法。弧矢志在四方，不论出处潜见、取友求益，原是吾人分内事，不肖岂敢望古人之光辉，傲然以教人传道为事？取友求益，窃有志焉。若夫人之信否、学之明与不明，则存乎所遇，非人所能强也。至于闭门逾垣，踽踽然洁身独行，自以为高，则又非不肖之初心矣。"

友人问："伊川存中应外、制外养中之学，以为内外交养，何如？"予谓："古人之学，只从一处养，根得其养，枝叶自然畅茂。若既养其根，又从枝叶上养将来，便是二本。晦庵以尊德性为存心，以道问学为致知，取证于'涵养须用敬，进学在致知'之说，以此为内外交养。知是心之虚灵，以主宰谓之心，以虚灵谓之知，原非二物。存心之外，别有致知之功，皆伊川之说有以误之也。"

龙溪会语卷之六

天山答问

甲戌闰立春前一日，阳和子相期会宿天柱山房，寻岁寒之盟。仕沛裘子充与焉。阳和子质性本刚毅，迩来留心问学，渐觉冲粹，一切应感，严而能容，和而有制，常见自己有过可改，不忍自欺其本心。学莫先于变化气质，若阳和，可谓善变矣。

阳和自谓"功名一念，已能忘机不动心"。予谓："何言之易易也！昔有乡老讥先师曰：'阳明先生虽与世间讲道学，其实也只是功名之士。'先师闻之，谓诸友曰：'你道这老者是讥我，是称我？'诸友笑曰：'此直东家丘耳，何与于讥称？'师曰：'不然。昔人论士之所志，大约有三：道德、功名、富贵。圣学不明，道德之风邈矣。志于功名者，富贵始不足以动其心。我今与世间讲学，固以道德设教，是与人同善不容已之心，我亦未能实有诸己。一念不谨，还有流入富贵时候。赖天之灵，一念自反，觉得早反得力，未至堕落耳。世衰道丧，功利之毒浃于人之心髓，士鲜以豪杰自命。以世界论之，是千百年习染；以人身论之，是一生干当。古今人所见不同，大抵名浮而实下。古之所谓功名，今之道德；古之所谓富贵，今之功名。若今之所谓富贵，狗偷鼠窃、兢兢刀钻之利，比于乞墦穿窬，有仪、秦所耻而不屑为者，其视一怒安居之气象何如也？亦可哀已！'阳和看得功名题目太浅，所以如此自信。若观其深，必如百里奚之不入爵禄于心，王曾之不事温饱，始足以当功名。达如伊傅，穷如孔孟，立本知化，经纶而无所倚，始足以当道德，今去此尚远也。"

阳和子谓："周继实深信禅学，崇斋素，重因果，信自本心，不敢自肆，以为此是西方圣人之教。中国之学不是过也。"相留寝处数日，因丧中，亦与同斋，意颇无逆。亲交中以予溺心虚寂，将外伦物而习于异教，亟来劝阻。予叹曰："世以斋素为异，恣情纷华、穷口腹之欲者，始得为常乎？以果报为惑，世之纵欲败度、肆然无所忌惮者，始为信心乎？先师有云：'世之人苟有沦于虚寂，究心性命而不流于世情者，虽其陷于异端之偏，犹将以为贤。盖其心求以自得也。求以自得，而后可与语圣人之学。'良知者，心之本体，性命之灵枢也。致知之学原本虚寂，未尝离于伦物之应感，内者不诱而外者有节，则固中国之宗传也。世人不此之虑，顾切切焉惟彼之忧，亦见其过计也已。"

继实乃祖请佃佛寺废基为宅，已安居有年矣。继实谋于家庭，仍舍为寺，立万岁牌，复祝圣道场。阳和叹其勇于为善，亲友相劝改为义学，亦名教之一助，非有私也。以为非起因本意，执而不从。此虽若尚有所泥，然而异于世之逐逐贪求者则远矣。

予扁凝道堂，子充请究所扁之义。予谓："凝是凝翕之意，乃学问大基本。君子不重则学不固，固即凝翕之谓也。天地之道，阴阳而已矣。不专一则不能直遂，不翕聚则不能发散。易简所以配至德也。日月者，阴阳之聚也，其行有常度，故能得天而久照，君子以此洗心，退藏于密。吾人精神易于发泄，气象易于浮动，只是不密。密即所谓凝也，故曰'夙夜基命宥密'。孔之默、颜之愚、周之拙、明道之端坐，皆此义也。凝非灰心枯坐之谓。仁者以天地万物为一体，人为天地之心，万物之宰，发育峻极。孰主张是？生生之易也。譬之心之于身，耳目肢体、痒痾呼吸，皆灵气之所管摄。而心则灵气之聚，寄脏而发生者也。经礼三百，曲礼三千，无一事而非仁，则亦无一事而非学也。专而翕所以为凝也，是谓广生、大生。凝者经纶之本，化育之机也。故曰'苟不至德，至道不凝焉'。"

阳和谓："世之学者平时不知所养，躁心浮念未易收摄，须从静坐入路。明道见人静坐，便叹其善学。象山见门人槐堂习静，知其天理显矣。"予谓："今人都说静坐，其实静坐行持甚难，非昏沉，则散乱。今有所着，即落方所；若无所着，即成顽空。此中须有机窍，不执不荡，从无中生有，有而不滞，无而不空，如玄珠罔象，方是天然消息。"子充谓："沛时常习静，正坐此二病作祟。昔人谓

'不敢问至道，愿闻卫生之经'，吾师素究养生之术，为我言其涯略。"予谓："人之有息，刚柔相摩、乾坤阖辟之象也。子欲静坐，且从调息起手。调息与数息不同，数息有意，调息无意。绵绵密密，若存若亡，息之出入，心亦随之。息调则神自返，神返则息自定。心息相依，水火自交，谓之息息归根，入道之初机也。然非致知之外另有此一段功夫。只于静中指出机窍，令可行持，此机窍非脏腑身心见成所有之物，亦非外此别有他求。栖心无寄①，自然玄会，慌惚之中可以默识。要之'无中生有'一言尽之。愚昧得之，可以立跻圣地，非止卫生之经。圣道亦不外此。阳和既相信，当不以予为狂言也。"

继实与子充念予年已望八，景属榆暮，固知所养有素，涉事无烦，日夕应酬，精神未免过用，终觉发散处多，似于为生死心尚欠切在，欲言之恐涉僭妄，不言又非有犯无隐之义，相与谋于阳和子。阳和子缪谓予"见道透彻无比，善识人病，每闻指

---

① "栖"，原误作"机"，今据《全集》本卷五《天柱山房会语》改。

授，令人跃然不容已。高年若此，步履视瞻，少年所不能及，是岂可以强为？随时应用，见其随时收摄，造次忙冗中，愈见其镇定安和，喜怒未尝形于色。吾党且学他得力处，弗轻言"。子充忍耐不下，复质言于予。予心谢曰："二子之欲言，虑予之深。阳和之不欲言，信予之过。古云'忠告善道，义兼之矣'。予禀受素薄，幼年罹孱弱之疾，几不能起。问学以来，渐知摄养，精神亦觉渐复渐充。五六十以后，亦觉不减强壮时，齿发虽变，气貌未衰。先正以忘生徇欲为深耻，大抵得于寡欲养心之助，非有异术以佐之也。但平时为世界心切，爱人一念若根于所性，未免牵爱留情，时有托大过用之病。先师有云：'道德、言动、威仪以收敛为主，发散是不得已。'若强于就喧而不知节，习于多事而不知省，未免伤于所恃，毕竟非凝翕之道。谚云：'春寒秋熟，光景无多。'自今以后，会须趁此日力，自惩自爱，随时节省，有不敢负诸君惠我之德。所谓修身以报知己，非有所饰也。"

予与阳和会宿山窝，子充见予憩睡，呼吸无声，喜曰："精神保合，气血安和，此寿征也。"予曰："未足为贵。此是后天安乐法，比之世人扰扰营营者差有间耳。世人终日营扰①，精神困惫，夜间靠此一觉昏睡，始够一日之用。一点灵光，尽为后天浊气所掩，是谓阳陷于阴，坎之象也。至人有息无睡。《易》曰：'雷藏泽中，君子以向晦入宴息。'谓之息者，耳无闻，目无见，四体无动，心无思虑，如种火相似，先天元神元气停育相抱，真息绵绵，开阖自然，与虚空同体，玄典谓之'取坎填离''复还纯乾'。与虚空同体，是与虚空同寿，始为寿征也。'息'之一字，范围三教之宗，释氏谓之'反息'，老氏谓之'踵息'，蒙庄氏谓之'六月息'，先天地而生，后天地而存，一息通于千古。孟轲氏指出'日夜所息'，示人以用力之方，平旦清明之气不使为旦昼之所牿亡，盖几之矣。若夫生死一事，更须有说。内典云：'有任生死者，有超生死者，生死事大，无常迅速。'佛氏以生死为大事，吾儒之学亦未尝不以此为大。《易》曰：'原始反终，故知生死之说。'生死如昼夜，知昼则知夜矣。故曰：'未知生，焉知死？'平时一切毁誉

---

① "扰"，原误作"忧"，今据《全集》本卷五《天柱山房会语》改。

得丧诸境，才有二念，便是生死之根。毁誉得丧能
一，则生死一矣。其曰'无常迅速'，盖光阴易迈，
不能常保，会须及时精进，期于度脱，无负大丈夫
出世一番因缘。吾人卒岁悠悠，无超然之志，逐境
动念，不求脱离，诚为可惧，不敢不自力。苟从躯
壳起念，执吝生死，务求长生，固佛氏之所呵也。
《列子》云：'五情苦乐，古犹今也；四体安危，
古犹今也。百年犹厌其多，况久生乎？'应缘而生，
是为原始；缘尽而死，是为反终。一日亦可，百年
亦可。忘机委顺，我无容心焉，任之而已矣。至于
超生死之说，更有向上一机，退以为进，冲以为
盈，行无缘之慈，神不杀之武，固乎不扃之钥，启
乎无辙之途。生而无生，生不知乐；死而无死，死
不知悲。一以为卮言，一以为悬解，悟者当自得
之，然亦非外此更有一段功夫。良知虚寂明通，是
无始以来不坏元神，本无生，本无死。以退为进
者，乾之用九，不为首也。以冲为盈者，损满益
谦，天之道也。过化存神，利而不庸，是为无缘之
慈；聪明睿智，以达天德，是为不杀之武。无扃钥
可守，无辙迹可循，旷然四达，以无用为用也。譬
之明镜之照物，妍媸黑白，自起自灭，往来于光明

之中，而明镜之体未尝有所留也。譬之太虚之涵万象，风雨云雷，倏聚倏散，往来于虚空之中，而太虚之体未尝有所碍也。盖物象往来者，生死之因，虚明洞彻，无所留碍者，超生死之本。千圣皆过影，万年如一息。切不切，非所与论也。"

子充谓："昔在吴中，闻诸坐圜者曰'静中景象，常惺惺，常寂寂'，此意何如？"予谓："此是悟后语，但子承领处尚欠稳在。此学须向静中求以自得，却从人言印证，乃为实际。若倚傍人言做功夫，已落第二义。苟徒学人之言，不向自己功夫理会，祗益虚妄耳。心之精微，口不能宣，复欲因言以求其精微之蕴，抑又远矣。子充所病正在此。若悟得常惺惺未尝不寂，悟得常寂寂未尝不惺，方为自己真实受用。惺而不寂，则为弄精魂；寂而不惺，则为灭种性。不可以不察也。继实相信佛学，亦不免有此病，因声教而入谓之声闻，观因缘而入谓之缘觉。苟不向自心中觅，虽至成佛，亦只落在声闻缘觉果位中，非大乘佛果也。"

予谓阳和子曰："昔者夫子居丧，有时客未至恸哭不禁，有时客至哭不出声，含哀而已。"阳和未谕不哭之意，子充请质于予。予曰："凶事无诏，哀哭贵于由衷，不以客至不至为加减也。昔人奔丧，见城郭而哭，见室庐而哭，自是哀心不容已。今人不论哀与不哀，见城郭室庐而哭，是乃循守格套，非由衷也。客至而哭，客不至而不哭，尤为作伪。世人作伪得惯，连父母之丧亦用此术，以为守礼，可叹也已！毁不灭性，哀亦是和，悟得时即此是学。"

子充问操心之法。予谓："操是操习之操，非把执也。心之良知原是活泼之物，人能操习此心，时时还他活泼之体，不为世情嗜欲所滞碍，便是操心之法，即谓之存。才有滞碍，便着世情，即谓之亡。譬之操舟，良知即是舵柄，舟行中流，自在东西无碍，深浅顺逆无滞，全靠舵柄在手，随波上下，始能有济。良知之变动周流，即舵柄之游移前却，无定在也。若硬把捉死手，执定舵柄，无有变通，舟便不活。此心通达万变，而昭昭灵灵，原未尝发，何出之有？既无所出，何入之有？既无所出入，何方所之有？此是指出本心真头面与人看，以示为学之的，非以入为存、出为亡也。"阳和子曰："知此始为心之得所养也。"

山窝夜然琉璃，似晦而明。予谓："此制器之微意。晦则伤魄，明则伤魂，明晦相符，魂魄得养。此亦可以悟学。"

　　子充、继实洎阳和诸亲友念予寻常远出，固知亟于行教、爱人不容已之心，往来交际，未免陪费精神，非高年所宜，静养寡出，息缘省事，以待四方之来学。如神龙之在渊，使人可仰而不可窥，风以动之，更觉人己皆有所益。予心谢曰："诸君爱我，可谓至矣，不肖亦岂不自爱？但其中亦自有不得已之情，若仅仅专以行教为事，又成辜负矣。时常处家，与亲朋相燕昵，与妻孥佃仆相比狎，以习心对习事，因循隐约，固有密制其命而不自觉者。才离家出游，精神意思便觉不同。与士夫交承，非此学不究，与朋侪酬答，非此学不谈。晨夕聚处，专干办此一事，非惟闲思妄念无从而生，虽世情俗态亦无从而入，精神自然专一，意思自然冲和，教学相长，欲究极自己性命，不得不与同志相切劘、相观法。同志中因此有所兴起，欲与共了性命，则是众中自能取益，非吾有法可以授之也。男子以天地四方为志，非堆堆在家可了此生。'吾非斯人之徒而谁与'，原是孔门家法。吾人不论出处潜见，取友求益，原是己分内事。若夫人之信否与此学之明与不明，则存乎所遇，非人所能强也。至于闭关独善，养成神龙虚誉，与世界若不相涉，似非同善之初心。予非不能，盖不忍也。"

阳和子读《礼》之暇，欲归景玉山房，及葺天柱行窝，时常与一二同志省缘习静，究明此一大事，其志可谓远矣。古云"逸我以老"，区区衰年，既承诸君之爱，随时休息，与诸君了此向上一机，亦是本分行持，不敢自外也。昔荆川谓："吾人终日纷纷，嗜欲相混，精神不得归根。须闭关静坐一二年，养成无欲之体，方可应世。"予谓："吾人未尝废静坐，若必专借此为了手，未免等待，无有了期。圣人之学，主于经世，原与世界不相离。古者教人，只言藏修游息，未尝专说闭关静坐。若日用应感，时时收摄保聚，不动于欲，便与静坐一般。况欲根潜藏，非对境则不易发。如金体杂于铜铅，非遇烈火则不易销。大修行人，于尘劳烦恼中作佛事，方是承接与人为善一派家学。若世间汨于嗜欲之人，肯发心习静，究明此一段生死根源，未必非对病之药也。"

云石沈子期而未至，绎朝始会于舟中。云石有志于学，与阳和为同心，更图后会未晚也。

万历二年至日书于洗心亭中。

书同心册后语

太史阳和子志于圣学有年，谒假归省，侍膳之余，时处云门山中修习静业。期予往会，商订旧学，颇证交修之益，其志可谓勤矣。间出京邸诸同志赠言手册授予，予得展而观之，或发主静翕聚之旨，或申求一体之义，或究动静二境得失之机，大都戒口说而务躬行，陋知解而尚觉悟，往复参伍，要在不悖师门宗教，诚所谓同心之言矣。阳和子复祈予一言为之折衷，以辅成所志，非敢然也。姑述所闻，阳和子自取正焉。

夫主静之说本于濂溪，自无极所生真脉路，本注云："无欲故静，圣学一为要，一者无欲。"一为太极，无欲则无极矣。夫学有本体，有工夫。静为天性。良知者，性之灵根，所谓本体也。知而致，翕聚缉熙以完其无欲之一，所谓工夫也。良知在人，不学不虑，爽然由于固有；神感神应，盎然出于天成。本来真头面，固有不待修整而后全。若徒任作用为率性，依情识为通微，不能随时翕聚以为之主，倏忽变化，将至于荡无所归，致知之功不如是之疏也。譬如天地之化，贞以启元，日月之运，晦以生明，元与明不待贞晦而始有，非贞晦则运化之机息矣。贞晦者，翕聚之谓，所以培其固有之良，达其天成之用，非有加也。《蒙》之象曰："山下出泉，蒙。"夫山下之泉，本静而清，濬其源，疏其流，顺则达之，汩则澄之，蒙养之贞，圣功也。翕聚所以为蒙也。故谓爽然盎然不足以尽良知，必假学虑而昧夫天机之神应，非所以稽圣；谓作用情识即所以致知，而忽夫翕聚缉熙之功，非所以征学。善学者默而存之，求以自得焉可也。孔门之学，惟务求仁。仁者以天地万物为一体，主静之学在识其体而存之，非主静外别有求仁之功也。静为万化之原，生天生地生万物，而天地万物有所不能违焉，是谓广生、大生，乾坤之至德也。故曰"视不见，听不闻，体物而不遗"。不见不闻，静根也。体之不遗者，与物为体，微而显，诚之不可掩也。佛氏之止观，老氏之致虚，自以为主静，似矣，未知于一体之义何所当也。悟者当自得之。

世之谈学者，或谓静中易至颓堕，须就动上磨炼。或谓动上易至荡摇，须就静中摄养。或谓久涉尘劳，虑其逐物而易于沦没；久处山林①，虑其耽静而易于枯槁，须动静交参，始不滞于偏见。内典有空假中三轮观法，静即空观，动即假观，动静交即中观。吾儒亦有取焉。夫根有利钝，习有浅深，学者各安分量，随时炼养，或修空观，或修假观，或兼修中观。譬之地中生木，但得生意不息，和风旭日固所以为煦育，严霜冻雪亦所以为坚凝。以渐而进，惟求有益于得，及其成功一也，此权法也。圣学之要，以无欲为主，以寡欲为功。寡之又寡，以至于无，无为而无不为。寂而非静也，感而非动也。无寂无感，无动无静，静虚而动直，明通公溥，而圣可几矣。此实际也。

夫学必讲而后明，务为空言而实不继，则亦徒讲而已。仁者切于言，惧其为之难也。古者言之不出，耻其躬之不逮也。此孔门家法也。故曰讲学有二：有以口耳者，有以身心者。入耳出口，游谈无根，所谓口说也；行著习察，求以自得，所谓躬行

① 据上文，"久处山林"前似脱"或谓"二字。

也。君子可以观教矣。此件事无巧法，惟在得悟。心悟者无所因而入，一切倚傍闻见、分疏理道、辨析文义、探索精微，自以为妙契，正落知解窠臼里，非心悟也。良知本明，无待于悟，只从一念之微识取。悟与迷对，不迷所以为悟也。百姓日用而不知，迷也；贤人日用而知，悟也；圣人亦日用而不知，忘也。学至于忘，悟其几矣。北海之珠，得于罔象。"悟"之一字，主静之玄窍，求仁之秘枢也。先师信手拈出良知两字，不离日用而造先天，乃千圣之绝学，已是大泄漏。世人听得耳惯，说得口滑，漫曰良知良知，是将真金作顽铁用，陷于支离而不自觉，可哀也已！

窃念吾之一身，不论出处潜见，当以天下为己任。伊尹得我心之同然，非意之也。古之欲明明德于天下，最初立志便分路径，入此路径便是大人之学，不入此路径便是小成曲学。先师万物一体之论，此其胚胎也。吾人欲为天地立心，必其能以天地之心为心；欲为生民立命，必其能以生民之命为命。吾所谓心与所谓命者，果安在乎？识得此体，方是上下与天地同流，宇宙内事皆己分内事，方是一体之实学，所谓大丈夫事，小根器者不足以当之。孔孟之汲汲皇皇，席不暖、辙不停，若求亡子于道，岂其得已也哉？"天下有道，丘不与易"、"如欲平治天下，舍我其谁？"非过于自任，分定故也。区区不足道，食饮动息，混迹随时，只是世间项辈人，妄意古人之学，此一路径似出于天牖，与人为善一念根于所性，不容自已，予亦不知其何心也。千钧之鼎，非乌获不能胜。阳和子，今之乌获，非耶？所望终始此志，出头担负，共臻大业，务答诸同志倚待之心，方是不求温饱做人的勾当，方是不愧屋漏，配天地、宰万物的功程。了此一事，何事不辨？真不系今与古、己与人也。珍重珍重！

问："良知不分善恶，窃尝闻之矣。然朱子云'良者，本然之善'，恐未为不是。'继之者善'，孟子道'性善'，此是良知本体。颜子有'不善未尝不知'，即良知也；'知之未尝复行'，即致良知也。学者工夫，全在于知善知恶处为之力、去之决。如好好色，如恶恶臭，必求自慊而后已。此致知之实学也。若曰'无善无恶'，又曰'不思善，不思恶'，恐鹘突无可下手。而甚者自信自是，以妄念所发皆为良知，人欲肆而天理微矣。请质所疑。"

"性无不善，故知无不良。善与恶对，相对待之义①，无善无恶，是谓至善。至善者，心之本体也。性有所感，善恶始分，本体之知未尝不知也。致其本体之知，去恶而为善，是谓格物。知者寂之体，物者感之用，意者寂感所乘之机也。毋自欺者，不自欺其良知也。如好好色，如恶恶臭。良知诚切，无所作伪也。真致良知，则其心常不足，无有自满之意。故曰'此之谓自慊'。才有作伪，其心便满假而傲。不诚，则无物矣。知行有本体，有功夫。良知良能是知行本体。颜子'有不善未尝不知，知之未尝复行'，皆指工夫而言也。人知未尝复行为难，不知未尝不知为尤难。颜子心如明镜止水，纤尘微波，才动即觉，才觉即化，不待远而后复，所谓庶几也。若以未尝不知为良知，未尝复行为致良知，以知为本体、行为工夫，依旧是先后之见，非合一本旨矣。不思善，不思恶，良知知是知非而善恶自辨，是谓本来面目，有何善恶可思得？是非鹘突无可下手之处也。妄念所发，认为良知，正是不曾致得良知。诚致良知，所谓'太阳一出，

---

① "对待"，原误作"代"，今据《全集》本卷五《与阳和张子问答》改。

魍魉自消’，此端本澄源之学，孔门之精蕴也。”

问：“乾坤皆圣学也。先儒何以有乾道坤道之别？果以敬义之功谓于本体上尚隔一尘，不及自强不息之直达本体，则尧、舜、禹之孜孜相戒勉，曰钦、曰慎、曰兢业，皆敬也，是亦不得为乾道耶？自良知之说一出，学者多谈妙悟而忽戒惧之功，其弊流于无忌惮而不自知。忾窃以彭山《龙惕》之书有取焉，亦救时之意也。”

“先儒以颜子为乾道，仲弓为坤道，亦概言之耳。颜子已见本体，故直示以用功之目，仲弓于本体尚有未彻，故先示以敬恕之功，使之自求而得之，非以乾坤为优劣也。良知乃自然之明觉，惊惕者自然之用，非乾主惊惕、坤主自然，有二道也。学者谈妙悟而忽戒惧，至于忌惮而不自知，正是不曾致得良知，非良知之教使然也。阳和子取于彭山《龙惕》之说，予尝有书商及此事，今述其大略以请。彭山深惩近时学者过用慈湖之弊，谓‘今之论心者，当以龙不以镜，惟水亦然’。夫人心无方体，与物无对①，圣

---

① “对”，原误作“时”，今据《全集》本卷五《与阳和张子问答》改。

人不得已，取诸譬喻，初非可以比而论之也。水镜之喻未为尽非，无情之照，因物显象，应而无迹，过而不留，自妍自媸，自去自来，水镜无与焉。盖自然之所为，未尝有欲也。着虚之见，本非是学，在佛老亦谓之外道。只此着便是欲，已失其自然之用。吾儒未尝有此也。又云：'龙之为物，以惊惕而主变化者也。'自然是主宰之无滞，曷尝以此为先哉？坤道也，非乾道也。其意若以乾主惊惕，坤主自然，惊惕时未至自然，自然时无事惊惕，此是堕落两边见解。夫学当以自然为宗，惊惕自然之用，戒谨恐惧未尝致纤毫力，有所恐惧则便不得其正，此正入门下手工夫。自古体《易》者莫如文王，'小心翼翼，昭事上帝'，乃真自然；'不识不知，顺帝之则'，乃真惊惕。乾坤二用，纯亦不已，是岂可以先后而论哉？慈湖'不起意'之说，善用之，未为不是。盖人心惟有一意始能起经纶、成变化。意根于心，心无欲则念自一，一念万年，无有起作，正是自然之用。'艮背行庭'之旨，终日变化而未尝有所动也。可细细参玩，得其惊惕自然之旨，从前所疑将不待辨而释然矣。"

问："孔子教人每每以孝弟忠信，而罕言命与仁。盖'中人以下不可以语上',故但以规矩示之,使有所执持,然后可以入道。大匠教人必以规矩,若夫得手应心之妙,在乎能者从之而已。一贯之传,自曾、赐而下无闻也。今良知之旨,不择其人而语之,吾道不几于亵乎!且使学者弃规矩而谈妙悟,深为可忧也。"

"大匠诲人必以规矩,然得手应心之妙不出规矩之外,存乎人之自悟耳。孝弟忠信是孔门教人之规矩,孔子自谓子臣弟友之道有未能,而学以忠信为主本,以此立教,亦以此征学。然孝弟忠信,夫妇所能,及其至,圣人所不能尽,费而隐也。孔门之学务于求仁立教,自圣学失传,学者求明物理于外,不复知有本心之明,故以致知立教,时节因缘使之然也。'良知'二字是彻上彻下语,良知知是知非,良知无是无非。知是知非即所谓规矩,忘是非而得其巧即所谓悟也。中人上下可语与不可语,亦在乎此。夫良知之旨,所谓'中道而立,能者从之',非有所加损也。夫道一而已矣。孔子与门弟子言,未尝不在于一。及门之人笃实莫如曾子,颖悟莫如子贡,二子能传师教,故于二子名下标示学则,以见孔门教人之规矩,非曾、赐以外无闻也。

孔子告曾子以一贯，及其语子弟，则示以忠恕之道，明忠恕即一贯也。子贡谓：'夫子言性与天道，不可得而闻。'性与天道，孔子未尝不言，但闻之有得与不得之异耳。古人绣鸳鸯谱，不以金针度人，亦是此意。弃规矩而谈妙悟，自是不善学之病，非良知之教使之然也。"

问："狂者行不掩言，亦只是过于高明、脱落格式之类耳，必无溺于污下之事。乡愿之忠信廉洁谓之曰似，则非真忠信廉洁也。矫情饰伪，可以欺世俗，而不能逃于君子，袭取于外而终无得于中，故曰'德之贼也'。若果所行真是忠信廉洁，则必为圣人所取，何至疾之若是耶？今以行不掩言者为狂，而忠信廉洁为乡愿，则将使学者猖狂自恣，而忠信廉洁之行荡然矣。请问其说。"

"狂者行不掩言，只是过于高明、脱落格套，无溺于污下之事，诚如来教所云。夫狂者志存尚友，广节而疏目，旨高而韵远，不屑弥缝格套以求容于世。其不掩处虽是狂者之过，亦其心事光明特达，略无回护盖藏之态，可几于道。天下之过与天下共改之，吾何容心焉？若能克念，则可进于中行，此孔子所以致思也。若夫乡愿，一生干当，分

明要学圣人，忠信廉洁是学圣人之完行，同流合污
是学圣人之包荒。谓之似者，无得于心，惟以求媚
于世，全体精神尽向世界陪奉，与圣人用心不同。
若矫情饰伪，人面前忠信廉洁，在妻子面前有些败
缺，妻子便得以非而刺之矣。谓之同流，不与俗相
异，同之而已；谓之合污，不与世相离，合之而
已。若自己有所污染，世人便得以非而刺之矣。圣
人在世，善者好之，不善者犹恶之。乡愿之为人，
忠信廉洁既足以媚君子，同流合污又足以媚小人，
比之圣人局面，更觉完美无渗漏。尧舜之圣，犹致
谨于危微，常若有所不及。乡愿傲然自以为是，无
复有过可改，故不可以入尧舜之道。似德非德，孔
子所以恶之尤深也。三代而下，士鲜中行，得乡愿
之一肢半节，皆足以取盛名于世。究其隐微，尚不
免致疑于妻子，求其纯乎乡愿且不易得，况圣人之
道乎？夫乡党自好与贤者所为，分明是两条路径。
贤者自信本心，是是非非，一毫不从人转换。乡党
自好，即乡愿也，不能自信，未免以毁誉为是非，
始有违心之行、徇俗之情。虞廷观人，先论九德，
后及于事，乃言曰'载采采'，所以符德也。善观
者不在事功名义格套上，惟于心术微处密窥而得

之。譬秦镜之烛，神奸自无所遁其情也。"

问："良知本来具足，不假修为。然今之人利欲胶蔽，夜气不足以存，良知或几乎泯矣。譬如目体本明，而病目之人渐成障翳，要在去其障翳而光明自在，不必论其光明为何如也。今不务克去私欲以复其本体，而徒曰良知良知云，如人说食，终不能饱。请扣致之之方。"

"良知不学不虑，本来具足，众人之心与尧舜同。譬之众人之目①，本来光明与离娄同，然利欲胶蔽，夜气不足以存，失其本体之良。必须绝利去欲，而后能复其初心，非苟然而已也。今谓众人之目与离娄异，是自诬也；障翳之目，自谓与离娄同，是自欺也。夫致知之功，非有加于性分之外，学者复其不学之体而已，虑者复其不虑之体而已。若外性分而别求物理，务为多学而为德性之知，是犹病目之人，不务眼药调理以复其光明，伥伥然求明于外，祗益盲瞆而已，此回、赐之学所由以分也。"

---

① "譬"，原误作"辟"，今据《全集》本卷五《与阳和张子问答》改。

太史阳和张子归省亲庭，侍膳之余，时往云门避静，究明心性之旨。方图请乞，为久处计，其志可谓远矣。甲戌仲夏二十日，相期往会山中，商订旧学，并扣新功。张子以为："此学固须动静交参，不专于静，但吾人久汨世纷，走失不小。静中存息，若少有受用处，泰宇定而天光发，人不鉴于流水而鉴于止水，各安分限，求以自益，庶不为虚度耳。"予谓："张子发此真志，又肯安分，不为凌躐之图，尤人所难能。张子取大魁，建大议，后辈方企羡，以为不可及，今复锐志于学，为后辈作此榜样，其为企羡，又当何如？"张子所见已渐超脱，犹虚心求益，请扣不已，以为"心性本来是一，孟氏存其心、养其性似若二之，何也？"。予谓："此是古人立教权法。性是心之生理，既曰心，又曰性，见心是天然主宰，非凡心也。心之说始于舜，性之说始于汤。《大学》言心不言性，心即性也；《中庸》言性不言心，性即心也。心无动静，故性无动静。定者，心之本体，动静者，所遇之时也。悟得时，谓心是常动亦可，谓心是常静亦可。譬之日月之明，恒用不息而恒体不易，以用之不息而言谓之动，以体之不易而言谓之静。善观者，随其所指得其立言之意，而不以文害辞，则思过半矣。"
三宿山中，往复辨证，颇征赠处之义。临别，复书
静中所见请质于予。因次第其语，披答如右，幸为
终其远业，固交修之望也。

跋云门问答①

　　吾越为文成公倡道之乡，而龙溪先生又亲受衣
钵之传者。先生之学洞彻圆融，无所凝滞。汲汲乎
欲人同进于善，故其于人也无可否，皆和光以与
之；孳孳乎求以利济乎物，故其于事也无好丑，皆
混迹以应之。盖先生唯自信其心，而吾乡之人每不
能无疑于其迹。忬于先生固不敢疑乡人之所疑，而
犹未能信先生之所信。盖尝以吾之不可学先生之
可，而期先生不以为谬也。是岁仲夏，枉棹云门，
相从累日，或默而坐，或步而游，一时诸友迭为唱

---

　　①　此文原无题，据张元忭《不二斋文选》卷六，题为
《跋云门问答》。

和，欣欣焉舞雩风咏之乐，不是过也。忭不自量，乃出所疑数条，以请正于先生，而先生条答之，亹亹数千言，所以启师门之关钥、指后学之迷津者，至详恳矣。抑忭闻之，非言之艰，行之唯艰。今日之问答皆言耳，吾党苟不能以身体之，入乎耳，出乎口，闻教之后与未闻教之先犹若人也，则一时之辨论皆空言，而先生之嘉惠为虚辱矣。兹忭之所大惧，亦诸友之所同体者也。敢以是交勖焉！

万历甲戌夏五月之吉，张元忭谨跋。

"新编儒林典要"已出书目